W0282412

ALTERNATIV HEILEN

Dr. Wighard Strehlow, Doktor der Naturwissenschaften und Heilpraktiker, ist *die* Kapazität auf dem Gebiet der Hildegard-Medizin mit über 20jähriger Erfahrung. Er leitet seit 1993 das erste Hildegard-Kurhaus am Bodensee, in dem Hildegard-Heilkunde konsequent praktiziert wird. Seine Gesundheitswochen, die sich den wichtigsten Gesundheitsthemen und deren erfolgreichen Heilmethoden widmen, sind bahnbrechend bei der Behandlung schwerwiegender Erkrankungen.

VON DR. WIGHARD STREHLOW
SIND AUSSERDEM ERSCHIENEN:

Hildegard von Bingen – Das Gesundheitsprogramm
Herz- und Kreislauferkrankungen
Magen- und Darmleiden
Rheuma und Gicht
Frauenheilkunde
Hautkrankheiten

Hildegard-Heilkunde von A–Z
Hildegard-Medizin für alle Tage

Meinem Freund und Lehrer
Herrn Dr. Gottfried Hertzka
(12. 10. 1913 bis 6. 3. 1997),
dem Begründer der Hildegard-Heilkunde,
gewidmet.

Dr. Wighard Strehlow

*Hildegard von Bingen –
Das Gesundheitsprogramm*

Krebs und Abwehrschwäche

Strehlow Verlag
Allensbach am Bodensee

Wichtiger Hinweis:

Die vom Autor vertretenen Auffassungen in bezug auf Krankheiten und ihre Behandlung weichen teilweise von der allgemein anerkannten medizinischen Wissenschaft ab. Jeder Leser ist aufgefordert, in eigener Verantwortung zu entscheiden, ob und wieweit die in diesem Buch vorgestellten Naturheilverfahren und Naturheilmittel für ihn eine Alternative zur Schulmedizin darstellen.

Besuchen Sie uns im Internet:
www.hildegardmed.com
www.st-hildegard.com

Dieses Buch wurde auf chlor- und säurefreiem Papier gedruckt.

Überarbeitete Ausgabe Oktober 2008
Copyright © 2001 Strehlow Verlag, Allensbach am Bodensee
Das Werk einschließlich aller seiner Teile ist urheberrechtlich geschützt. Jede Verwertung außerhalb der engen Grenzen des Urheberrechtsgesetzes ist ohne Zustimmung des Verlages unzulässig und strafbar. Das gilt insbesondere für Vervielfältigungen, Übersetzungen, Mikroverfilmungen und die Einspeicherung und Verarbeitung in elektronischen Systemen.
Umschlaggestaltung: Gerhard Kunze, Konstanz
Satz: Barbara Rabus, Sonthofen
Druck und Bindung: CPI – Ebner & Spiegel, Ulm
Printed in Germany
ISBN 3-929735-03-2

5 4

Inhalt

Vorwort zur 4. Auflage – Revolution in der Medizin?

Krebs! Jährlich erkranken allein in Deutschland rund 450.000 Menschen neu an dieser heimtückischen Krankheit. Weltweit sind es Millionen. Durch den chaotischen Lebensstil der westlichen Welt werden es immer mehr. Heute wissen wir es durch weltweite wissenschaftliche Studien ganz genau: Die Krebskrankheit ist kein Schicksalsschlag wie ein Blitz aus heiterem Himmel, sondern die Folge von jahrelangen Ernährungs- und psycho-sozialen Fehlern, die unsere körpereigene Krebsabwehr zerstört haben.

Hildegard von Bingen (1098–1179) sah in ihrer visionären Schau bereits vor 850 Jahren in ihrem medizinischen Lehrbuch von den »Ursachen und Behandlungen der Krankheiten« (»Causae et Curae«) die Ursachen und den Verlauf der Krebskrankheit. Sie beschrieb die Frühwarnsignale in der Vorkrebsphase (Praecancerose), den Krebssprung und die bösartige Entwicklung zum Krebs im Detail. Hildegard nennt fünf Symptome – die so genannte Quintessenz – die in der Zeit vor dem Krebs auftreten und die die Zusammenarbeit von sechs Fachärzten mit der Onkologie notwendig machen:

1. Herzbeschwerden: Kardiologe
2. HNO und Lungenleiden: HNO – Lungenfacharzt
3. Leberbeschwerden: Internist
4. Magen- Darmbeschwerden: Gastroenterologe
5. Rheumatische Beschwerden: Rheumatologe

Aufgrund der Frühwarnsignale ist jeder in der Lage, mit den hier beschriebenen Methoden, Krebs zu verhüten, aber nach dem Krebssprung beginnt ein Kampf um Leben und Tod. Hildegard beschreibt zum ersten Mal überhaupt, dass die Krebszellen »pediculi« sind, kleine Mikroorganismen, die in Zysten leben und beim blutigen Durchtritt durch Magen und Darm aggressive, bösartige »gracillimi vermiculi« = Parasiten bilden, die bei ihrer Passage durch das Blut und die Lymphe Metastasen bilden können.

Um es gleich vorweg zu nehmen: die Umwelteinflüsse und die Genetik sind es nicht, die Krebs auslösen. Krebs oder andere Autoaggressionskrankheiten entstehen immer erst, wenn die körpereigenen Abwehrkräfte durch eine falsche Ernährung oder einen stressigen Lebensstil zusammen brechen.

Diese Tatsache wird heute durch eine weltweite amerikanische Studie »Ernährung, Lebensstil und die Verhütung von Krebs« des American Institute for Cancer Research Food, Nutrition, Physical Activity, and the Prevention of

Ursachen der Krebskrankheiten

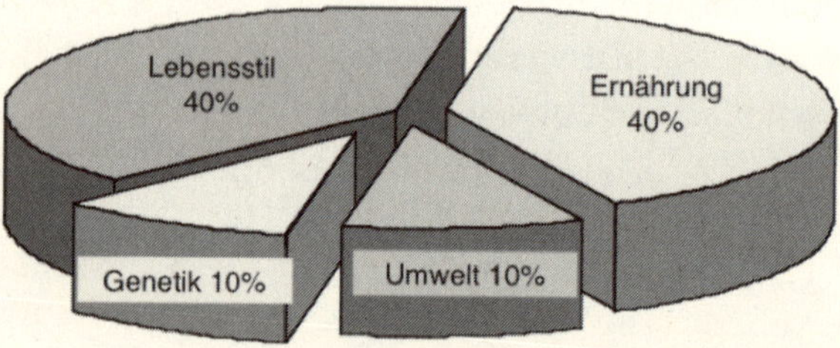

Food, Nutrition and Prevention of Cancer, a Global Perspective

Cancer: a Global Perspective www.aicr.org im vollem Umfang bestätigt:
Eine gute Ernährung kann 40 bis 55 % (bei Darmkrebs) aller Krebs - Risikofaktoren beseitigen, weitere 40 % sind durch eine gute Lebensweise zu vermeiden. Der Rest wird durch äußere Umwelteinflüsse und durch genetische Einflüsse verursacht. Dabei ist Krebs nicht die einzige moderne Autoaggressionskrankheit. Nach dem gleichen Muster entstehen mehr als 20.000 andere Autoimmunkrankheiten zu denen Herzinfarkt, Schlaganfall, Rheuma oder auch die Demenz oder Alzheimer gehören, die meisten davon »unheilbar«. Schauen Sie bitte ganz genau hin: Entscheidend ist nicht die Genetik und die Umwelt, sondern die Ernährung und der Lebensstil, für die Sie selber ganz allein verantwortlich sind! Daher kann man auch niemanden helfen oder heilen, der sein Leben nicht ändern will.
Mit dieser globalen teuersten Studie aller Zeiten bestätigt die medizinische Wissenschaft selber, dass sie in den letzten hundert Jahren mit ihren Methoden in die falsche Richtung geschaut hat!
Dennoch oder gerade deshalb setzt die moderne Medizin weiterhin aufs falsche Pferd, weil man damit viel Geld verdienen kann. Die Gentechnik arbeitet daran, die Herrschaft über die Weltmärkte zu übernehmen. Über alle Märkte: über den europäischen, über den amerikanischen, über den gigantischen chinesischen mit seinen Milliarden und Abermilliarden von Kunden …
Und so wird Ihre Gier angetrieben: Sie verdoppeln, Sie verdreifachen, ja, Sie verzehnfachen Ihre Gewinne, weil die neue HighTech-Medizin angeblich gerade den »Kampf gegen Krebs gewinnt«:

»Eine kleine Aktiengesellschaft läutet gerade die wohl wichtigste Revolution in der Geschichte der Medizin ein. Dieses Unternehmen hat eine Methode entwickelt, mit der menschliche Gene repariert werden können. Krebs, Aids, Alzheimer und viele der sonstigen Seuchen können durch Selbstreparatur der Gene geheilt werden. Jeder Betroffene – wirklich jeder – wird die Medikamente haben wollen, die nach dieser Methode entwickelt wurden. Das Unternehmen, das heute kaum jemand kennt, wird sagenhafte Summen verdienen. Auf diesen Durchbruch wartet die Menschheit seit Jahrhunderten – und er steht kurz bevor. Ein jetzt noch unbekanntes BioTech-Unternehmen aus den USA hat den entscheidenden Schritt getan. Krankheiten, die bisher als unheilbar galten, verlieren ihren Schrecken. Menschen, bei denen Krebs diagnostiziert wird, werden mit größter Wahrscheinlichkeit wieder geheilt. Menschen, die im Alter an Alzheimer leiden, können dank der neuen Methode wieder ein vollkommen normales Leben führen. Und machen Sie sich auch klar, was diese Revolution in der Medizin für Sie als Anleger bedeutet: Der Kurs dieser BioTech-Aktie wird in den nächsten Monaten nie dagewesene Höhen erreichen«. (Auszug aus einem Aktienhändler Brief: fachverlag-privatfinanzen@vnr.srv3.de)
Merken Sie den Schwindel? Schauen Sie auf die Tatsachen. Auch der noch so »genetisch Gesunde« kann durch einen falsche Ernährung und einen stressigen Lebensstil seine Gesundheit zerstören!
Daher ist auch der schulmedizinische »Kampf gegen den Krebs« auch so erfolglos und frustrierend, denn die Ursachen, die den Krebs auslösen werden gar nicht berücksichtigt: 75 von 100 Tumor Patienten sterben trotz schul-

medizinischer Behandlung. Ganz im Gegenteil, die körpereigene Krebsabwehr wird durch den schulmedizinisch verzweifelten »Kampf gegen den Krebs« mit der Bestrahlung und »Chemo« auch noch restlos zerstört. Die Waffen sind teilweise noch grausamer, als die Krebskrankheit selber.

Im Gegensatz dazu ist es ein besonderer Vorteil der Naturheilkunde, insbesondere der Hildegard Heilkunde, das sie mit ihrer zeitlos gültigen Ernährungslehre und Psychotherapie in der Lage ist, das Immunsystem in Ordnung zu bringen und damit die Krebskrankheit zu verhüten.

Zur Hildegard Heilkunde gehört darüber hinaus auch noch eine komplette systematische Medizin, die Hildegard als Buch über die Heilkräfte in den verschiedenen Geschöpfen der Natur veröffentlichte. Nach ihrem Tod wurde der Titel geteilt und als medizinisches Lehrbuch »Ursachen und Behandlungen der Krankheiten« und Physika, einer neunbändigen Heilkunde mit über 2000 Heilmitteln und Methoden der Nachwelt überliefert. Daraus wurde in diesem Buch alles zusammengefasst, was Hildegard über die Praecancerose (Vichtkrankheit) und Tumorkrankheit geschrieben hat.

Mit der Hildegard Heilkunde beginnt eine vollkommen neue Ära in der Medizin zur Vorbeugung und Behandlung von Krebs und anderen Autoaggressionskrankheiten. Dieses Buch ist ein notwendiger Ratgeber auch in verzweifelten Situationen und ein Weg zur Verhütung von Krebs und damit ein Beitrag zur Verbesserung der Volksgesundheit.

Dr. Wighard Strehlow
Allensbach am Bodensee im Herbst 2008

Vorkrebs und Krebs nach Hildegard von Bingen

Die Vichtkrankheit oder Präkanzerose

Es ist nicht nur für einen Naturwissenschaftler faszinierend, wie Hildegard von Bingen vor 850 Jahren in visionärer Schau Ursache, Verlauf und Behandlung der Vichtkrankheit oder Vorkrebskrankheit voraussah und in ihrem Lehrbuch *Causae et Curae* (»Ursachen und Behandlung der Krankheiten«) beschreibt. Bei dieser Darstellung berücksichtigt Hildegard das ganze Spektrum von Auslösern, die bei der Entstehung der Krebskrankheit eine Rolle spielen: unter anderem die Psyche, Ernährung, Umwelt und religiöse Faktoren. Alle diese Einflüsse haben erstaunliche Auswirkungen bis in den molekularbiologischen Bereich hinein. Hildegard gibt darüber hinaus auch die Heilmittel und die Behandlungsmethoden an, um aus dem Stadium der Präkanzerose herauszukommen und der Krebskrankheit vorzubeugen.
Je früher die Präkanzerose erkannt wird, desto größer sind die Chancen auf Heilung. Hier liegt der Schlüssel zu einer erfolgreichen Verhütung der Krebskrankheit, die im Endstadium meistens nur noch unter brutalem Verlust der Lebensqualität durch Radikaloperation, Chemotherapie und Bestrahlung in den Griff zu bekommen ist.

Die Frühwarnsignale der Präkanzerose:

- Herzschmerzen, Herzschwäche, Herzbeschwerden ohne einen organischen Befund
- Magen-Darm-Beschwerden (Blähungen, Aufstoßen,

Schluckauf, Sodbrennen, Zwicken im Bauch mit kolikartigen Schmerzen)
- Rheumatoide Schmerzen, ständige Erkältungsanfälligkeit, hin und her ziehende Schmerzen im ganzen Körper, Koliken, Hexenschuß und Ischialgie, zudem Müdigkeit
- Angstzustände, Angst vor Krebs
- Eine familiäre Belastung mit Krebs

Sind alle diese fünf Frühwarnsignale vorhanden, befindet sich der Patient wahrscheinlich auf dem Weg in die Krebskrankheit. Werden die Frühwarnsignale ignoriert, kann es nach dem sogenannten Krebssprung zur Bildung bösartiger Geschwülste kommen.
Die Präkanzerose wird von einer Art Krebsvirus ausgelöst. Hildegard beschreibt seine Reifung, das Aufplatzen und den Krebssprung sowie die Streuung des Virus durch den ganzen Körper. Sie beschreibt sogar, wie sich die Doppelhelix aufrollt und wieder zusammenzieht und höchst gefährliche Krebsviren aus der DNS-Kugel im Zellkern heraussprudeln. Diese Krebsviren nennt sie *gracillimi vermiculi* (allerkleinste Würmchen).

Die Säfteverdrehung

In Übereinstimmung mit modernen Studien der American Cancer Society an Tausenden von Patienten lehrt Hildegard, daß die Vichtkrankheit besonders bei Patienten ausbricht, die entweder zu dick oder zu dünn (kachektische Menschen) sind und an einer Störung des Gesamtstoffwechsels und einem Überschuß an »schlechten Säften« leiden. Diese Störung nennt man heute Dyskrasie.

Durch die Erkenntnisse der modernen Medizin über Stoffwechselentgleisungen, Störungen der Hormonregulation, Immunschwäche sowie über Störungen im Blutbild ist die Dyskrasie als Erklärung schwerer innerer Erkrankungen wieder ganz aktuell geworden.
Hildegard nennt sogar die fünf Organe, in denen sich durch den gestörten Stoffwechsel Gift- und Fäulnisstoffe bilden, die den Krebs auslösen können. Es sind dies Eiweißtoxine, die von Herz, Leber, Lunge, Magen und Eingeweiden abgegeben werden und sich mit der Schwarzgalle vermischen.

Schwarzgalle – Ursache allen Übels

Eine wichtige Voraussetzung für die Entstehung von Krebs ist auch der Überschuß an Gallensäure, an sogenannter Schwarzgalle oder Melanche. Sie kann aufgrund psychopathologischer Einflüsse wie Streß, Kummer, Sorge und Angst in der Leber gebildet werden. Die Gallenfarbstoffe verursachen eine Art Vergiftung und durchdringen den ganzen Körper.
Die Gift- und Gärungsstoffe liegen zunächst als verkapselte Herde (rheumatoide Herde) im Bindegewebe. Von Zeit zu Zeit gehen von ihnen bei ungünstiger Abwehrlage des Patienten starke Schmerzschübe aus. Sie quälen dann den Menschen mit großer Schärfe, als ob sie ihn beißen und auffressen wollten. Es handelt sich dabei um Streuherde von sogenannten kristallinen Viren, die noch kein eigenes Leben haben. Diese tumorauslösenden Viren, auch Onkogene genannt, sind für ihr Wachstum und ihre Vermehrung auf einen Wirt angewiesen und kaum übertragbar. Erst bei Blutungen während der Magen- und Darmpassage (Ma-

gen- und Darmbluten) findet der gefährliche Krebssprung statt. Nun können die Krebsviren den ganzen Körper durchdringen und Tumore bilden.

Der Krebssprung

Hildegard beschreibt den Mechanismus der Krebsentstehung, den die moderne Medizin bis heute nur annähernd enträtselt hat, in ihrer einfachen und anschaulichen Sprache: »Solche Menschen, die entweder zu fett oder zu mager sind, besitzen oft einen Überfluß an schlechten Säften, weil sie die richtige Beschaffenheit und das mittlere Verhältnis der Säfte nicht in sich haben. So erheben sich denn zuweilen schlechte Säfte vom Herzen, der Leber, der Lunge, dem Magen und den Eingeweiden aus, gelangen zur Schwarzgalle, lassen diese aufdampfen und im Menschen einen ganz schlimmen Schleim entstehen. Es ist etwa so, wie zuweilen bei einem stehenden, nicht fließenden Gewässer fauliger Schlamm das Ufer überwuchert und überschwemmt. Dieser Schleim gelangt nun entweder an den Magen oder zwischen die Eingeweide oder auch an irgendeine andere Stelle zwischen Haut und Fleisch, bleibt dort haften und quält den Menschen mit viel Bitternis und Säure *(acerbitas)*, als bisse er und fräße er ihn auf. Er hat aber den Lebensgeist nicht, der nötig ist, den Menschen sterben zu lassen, sondern nur eine Art von bitterer Säure. Es zeigen sich in ihm sozusagen Knospen, und er liegt im Fleisch des Menschen wie die Made im Fleisch *(leus in carne)*. In einzelnen Fällen streckt er sich auch in die Länge, dann wieder zieht er sich kugelig zusammen, wie ein Eidotter ist, und liefert manchmal eine Art von Auswurf, der sich durch den ganzen Körper hin verbreitet und dem Menschen Schmerzen macht.« (CC 157,19)

Durch Blutungen im Magen-Darm-Trakt (Magen- und Darmbluten) findet dann der Krebssprung statt. Es entstehen bösartige »dünne Läuse« *(pediculi* = eigentlich: kleine Verderber, Darmparasiten), aus denen äußerst gefährliche Krebsviren hervorgehen *(gracillimi vermiculi)*.

»Wenn dieser Schaum einmal den Magen durchdringt, läßt er in diesem eine Art von Würmern hervorsprudeln, und ebenso verursacht er im Fleisch das Wachstum einer Art sehr bösartiger, dünnleibiger Läuse *(pediculi)*. Da, wo der Schleim im menschlichen Körper liegt, wachsen aus dem eben erwähnten Schaum zuweilen auch äußerst dünne Würmchen *(gracillimi vermiculi)*, welche Darmparasiten *(carni)* genannt werden, wie auch manchmal kleine Würmchen *(vermiculi)* in solchem Wasser aufkommen, das an einer Stelle steht und nicht fließt. Bleiben dann solche Würmchen im Menschen zurück und verlassen ihn nicht wieder, so schaden sie ihm sehr.« (CC 158,1–10)

Von Würmern, Parasiten und Krebsviren

Bis zur Entwicklung der Würmer (lat. *vermes*) im Stadium der Präkanzerose hat der Mensch den Ablauf des Geschehens noch einigermaßen im Griff, besonders unter dem Schutz des Wasserlinsenelixiers. Die Würmer erregen kein Krebsgeschwulst. Sie vermehren sich schnell und führen ein parasitäres Eigenleben in den Herden des Bindegewebes. Ihre Brutstätte ist der darin befindliche »Faulschlamm«. Von diesen Herden im Bindegewebe gehen die kollikartigen oder rheumatoiden Schmerzen aus, die den ganzen

Körper durchziehen. Diese Herde müssen beseitigt werden, wenn die Krebskrankheit verhütet werden soll. Erst durch die Passage der wurmartigen Parasiten im Magen und Darm werden sie bösartige und angriffslustige Krebserreger. Hildegard nennt diese Erreger lat. *pediculi*, kleine Füßchen. In der Geheimsprache der Symbole bedeuten »Füßchen« auch soviel wie »Nachkommenschaft«, »rasche Vermehrung«, parasitäres Wachstum. Von nun an geht die Präkanzerose in die Krebskrankheit über, und der Patient sollte ärztliche Hilfe in Anspruch nehmen, um das Weiterschreiben und die Folgen der Krebskrankheit zu verhüten. Durch Mikroblutungen im Darm gelangen die Krebserreger in die Blutbahn, wodurch sämtliche Körperzellen einem krebsartigen Angriff ausgesetzt sind. Hildegard nennt diese angriffslustigen Krebsviren *»gracillimi vermiculi«*, bösartige virulente Onkogene. Diese Onkogene bohren sich durch die Zellwände, um zielstrebig das Erbgut in den Zellkernen anzugreifen. Ihr Ziel sind die Gene P56, P57 und P58, die für die Kontrolle des Wachstums zuständig sind. Zusätzlich können auch andere Krebserreger, wie z. B. Benzpyren im Zigarettenrauch, und körpereigene Abwehrstoffe, wie z. B. freie Sauerstoffradikale, dieselben Wachstumsgene vernichten. Fehlen die »kleinen Wachhunde« im genetischen Code, vermehrt sich die nächste Zelle unkontrolliert. Aus einer Krebszelle werden zwei, aus zwei werden vier und aus vier werden acht – also in geometrischen Reihen in rasender Geschwindigkeit, bis sich nach drei bis 30 Jahren, je nach Art und Wachstum, ein tastbarer Knoten gebildet hat. In diesem Stadium ist dem Krebs nur noch mit radikalen Methoden wie Chirurgie und Bestrahlung beizukommen. Chemotherapie hat den großen Nachteil, daß die Krebszellen zwar kleiner werden und »einschlafen«, aber nach dem Absetzen wiederkommen und schlimmer als zuvor, wobei inzwischen das Abwehrsystem total zerstört ist. Bei der voll ausgebildeten Krebskrankheit liegen alle drei Krebserreger gleichzeitig vor.

Bild und Verlauf der Krebsformen

Bild und Verlauf der Krebsformen hängen vom Körperbau des Patienten, seiner Schweißanlage und dem Zustand des Knochenmarks ab. Kleinwüchsige Menschen mit kurzen Knochen und kleinem Körperbau haben meist ein zartes Bindegewebe mit gesundem weißem Fettgewebe. Beim Schwitzen gelangen die Krebsviren nach außen und bilden dadurch vorwiegend Hauttumore.

Schwergewichtige Menschen schwitzen dagegen nach innen, wobei die Krebserreger die inneren Krebsformen einschließlich ihrer Vorläufer bilden, wie z. B. Polypen, Myome, Zysten oder Osteome. Das Knochenmark und das Fettgewebe bestimmen, ob sich aus diesen Vorformen die Krebskrankheit entwickelt. Neigen Schwergewichtige zur Freßsucht und zu einer üppigen Gedankenwelt, führen eine übermäßige Blutfülle des Knochenmarks und der Keimdrüsen zu einer Hormonsättigung im Fettgewebe der Brustdrüsen und der Prostata. Das weißfarbige Fettgewebe verfärbt sich rötlich-gelb und weist auf das Vorliegen von Krebserregern hin.

Die Krebsanlage kann ebenfalls durch Ernährungsfehler und Rohkost verstärkt werden. Im Gegensatz dazu ist der Dinkel hervorragend geeignet, Krebs zu verhüten, denn mit seinem Inhaltsstoff Rhodanid dichtet er die Zellmembranen so vollständig ab, daß die Krebserreger keine Chance haben, die Zellwände zu durchbohren.

Hautkrebs

»Es gibt Menschen mit zartem Knochen- und Gliederbau mit dünnen Gefäßen, aber festem gesundem und gut entwickeltem Muskelfleisch. Sie haben ein gutes Knochenmark und die richtige Körpertemperatur und deshalb auch eine vollwertige leistungsfähige Haltung. Sie sind leicht zu beeindrucken und zartfühlend. Wegen ihres guten Knochenmarks haben sie auch ein festes, weißes und gesundes Fettgewebe, frei von Viren *(pediculi)*. Scheidet dieses Fett einmal Schweiß aus, so treibt dieser Schweiß die Krebsviren auf die äußere Haut und bildet Hautkrebs.« (CC 158, 23–33)

Myome, Zysten, Polypen und Osteome

»Menschen mit grobem Knochenbau haben starke Gliedmaßen und große Blutgefäße. Das Knochenmark ist schlecht entwickelt, und sie haben wenig Körperwärme. Sie neigen zu ständiger Freßsucht, können allerdings für kurze Zeit tüchtig arbeiten. Ihnen fehlt aber das Durchhaltevermögen. Da sie ein schlecht entwickeltes Knochenmark haben, ist auch ihr Fettgewebe umso dünner und schwächer. Wenn sie einmal schwitzen, dringt ihr Schweiß rasch durch die Körperzellen, weil sie ziemlich durchlässig sind, und erzeugt im Fettgewebe viele Krebsviren, die im Übermaß Myome, Polypen, Zysten und Osteome bilden können. Solche Menschen sind aber ziemlich stark und können mitunter lange leben.«

Echte, bösartige Tumore

»Menschen mit großem Knochenbau und Gliedmaßen haben meistens festes, fettes Knochenmark, wodurch sie zu klugen und tüchtigen Körperleistungen fähig sind. Ihr Muskelfleisch ist kräftig und wenig durchlässig und mit derben straffen Blutgefäßen durchzogen. Sie können nur wenig schwitzen. Durch die große Menge und Hitze ihres Knochenmarks und infolge des Säfteüberflusses wird ihr Körperfett ein wenig rot wie das Blut und ist dadurch schwach und nicht gesund. In ihrem Muskelfleisch können sich reichlich Krebsviren aufhalten, die das Körperfett durchbohren und verzehren (*Kachexie* = Abmagerung). Aus diesem Grunde haben diese Menschen viele Schmerzen und wissen nicht, woran sie leiden. Sie sind träge und haben keine Lebensfreude, essen wenig und leiden an Herz-Kreislauf-Schwäche. Ihr Allgemeinzustand ist schlecht, ihre Gesichtsfarbe ist grün und wachsfarben. Solche Menschen können nicht lange leben, sondern sterben früh, weil ihr Fettgewebe wie oben beschrieben von Krebsviren zerstört ist.«

Brustkrebs

Die Schlüsselstelle für die echte Krebskrankheit finden wir in Hildegards Werk »Causae et Curae« unter der Beschreibung des Brustkrebses. Auch hier sind wieder die fünf wichtigsten Organe – Herz, Leber, Lunge, Magen und Darm – beteiligt: »Durch verschiedene gute wie schlechte Säfte quellen Gewebe und Gefäße der Menschen auf, so wie Mehl durch Hefe aufquillt. Die Säfte, die vom Herzen, der Leber, der Lunge, dem Magen und den übrigen inneren Organen stammen, werden manchmal schwer-fließend, schmierig und lauwarm, weil sie falsch zusammengesetzt sind. Wenn sie im Menschen zurückbleiben, bringen sie ihm Krankheiten, wenn sie aber ausgeleitet werden, werden der Mensch gesund.« (CC 154,18)

Die Präkanzerose: Leukozyten im Urin

Entscheidend für eine Verhütung der Krebskrankheit ist die rechtzeitige Erkennung von Frühformen, die man an einer beschleunigten Blutsenkung, an der Aderlaßprogno-

se (siehe Aderlaßkapitel) oder bereits im Urin sichtbar machen kann. Schon Jahre bevor gängige schulmedizinische Früherkennungsmethoden greifen, kann man im Harnsediment Hinweise auf Vorformen einer Krebserkrankung finden. Im Fall einer Präkanzerose erkennt man im Mikroskop zahlreiche granulierte und phagozytierende Zellen, die als Leukozyten identifiziert wurden und Rückschlüsse auf das Stadium der Erkrankung zulassen.
Im ersten Stadium der Präkanzerose sieht man vereinzelte phagozytierende Zellen, die größer als normale Leukozyten sind und eine geschlossene, gut begrenzte Zellform aufweisen. Wir nennen sie Leukozyten im Stadium I. Im zweiten Stadium beobachtet man zahlreiche Zellen, in denen der Zellkern zwar geplatzt, die Zellwand aber noch intakt ist, wobei der Kern granuliert. Sie werden von uns als »kalbende Leukozyten« bezeichnet: Leukozyten im Stadium II.
Im dritten Stadium ist die Zellwand geplatzt, und kleine kugelige Blasen hängen wie ein Morgenstern an der Zelle. Wir nennen diese Zellen »explodierte Leukozyten« und dieses Stadium »Krebssprung«, da die Präkanzerose jetzt in die Krebskrankheit übergehen kann.
Der zur Früherkennung der Präkanzerose benutzte Urintest soll in naher Zukunft als schulmedizinischer Test zur Erkennung von Frühstadien der Krebserkrankung eingesetzt werden. Der amerikanische Krebsforscher Dr. Judha Volkman von der Medical School der Harvard University in Boston entdeckte, daß im Urin Krebskranker erhöhte Mengen bestimmter krebsanzeigender Eiweiße zu finden sind.
Mit wachsender Krebsmasse erhöhen sich auch die Proteinspiegel. Man entdeckte sogar spezielle Proteine, die jeweils für bestimmte Krebsarten wie Brustkrebs, Darmkrebs, Knochen- oder Prostatakrebs verantwortlich sind.

Was verursacht Krebs?

Die Krebskrankheit ist die Materialisation vieler Risikofaktoren aus allen Lebensbereichen, die über einen langen Zeitraum das Erbgut in den Körperzellen geschädigt und das ungeordnete Zellwachstum ausgelöst haben. Die Risikofaktoren sind in allen Bereichen der spirituell-religiösen, kosmischen, seelischen und leiblichen Existenz zu finden. Dazu gehören der Lebensstil, die Ernährung, die Umwelt und die Vererbung. Erst wenn man die Risikofaktoren kennt, kann man auch Krebs verhüten.

Pediculi – onkogene Viren

»Kleine Verderber« nannte Dr. Hertzka sinnvollerweise die von Hildegard beschriebenen »kleinen Läuse« *(pediculi)*. Wie sollte Hildegard sie auch nennen? Die Viren sind erst vor 300 Jahren entdeckt worden. Die Amerikaner fragen: »Do you have a bug?« (wörtlich übersetzt heißt »bug« Käfer) und meinen: »Hast du eine Virusgrippe?« Heute würde man *pediculi* mit »Darmparasiten«, »Bakterien« oder auch »Viren« übersetzen, und schon wird klar, daß Hildegard krebsauslösende Mikroorganismen gemeint hat. Antony van Leeuvenhoek hat diese wimmelnden kugeligen und stacheligen »Tierchen« zum ersten Mal unter seinem selbstgebauten Mikroskop im 17. Jahrhundert gesehen. Erst vor 15 Jahren wurde die These vom Krebs als Virusinfektion vom Deutschen Krebsforschungszentrum bestätigt.
Alle Viren sind in der Lage, das genetische Erbmaterial im

Zellkern zu schädigen und den normalen Krebsüberwachungsmechanismus zu zerstören. Der Verlust der Regulationsfähigkeit führt zu Krebs. Zu den gefährlichen Viren gehören auch die zu Unrecht verharmlosten Grippeviren, die Hepatitisviren, das Herpes-simplex-Virus (HSV), das Human-Papilloma-(Warzen-)Virus (HPV), das Chronische-Müdigkeit-Virus (CFV), das Epstein-Barr-Virus der Mononukleose oder Kußkrankheit, das AIDS-Virus (HIV) und die vielen anderen Erreger, für die es heute in der Schulmedizin keine kausale Therapie gibt. Nur die körpereigene Abwehr ist in der Lage, die Virusinfektion abzuwehren. Da heute viele Menschen aufgrund ihres krank machenden Lebensstils ein geschwächtes Abwehrsystem haben, werden die Viruserkrankungen in Zukunft immer mehr zunehmen. Die beste Prophylaxe sind ein gutes Abwehrsystem und ein gut funktionierender Darm.

Falsche Ernährung

Bis zu 35 Prozent aller Krebstoten gehen auf das Konto einer falschen Ernährung. Die Krebskrankheit trat selten auf, solange sich die Naturvölker vernünftig ernährten. Erst durch die Eßgewohnheiten unserer Wohlstandsgesellschaft mit zuviel tierischem Eiweiß und Fett sind die Krebskrankheiten sprunghaft angestiegen, und sie nehmen weiterhin zu. In den letzten 50 Jahren hat sich das Brustkrebsrisiko verdoppelt, und die Krankheit tritt immer früher auf. Jede achte Frau in Deutschland erkrankt an Brustkrebs, und jährlich sterben daran 19 000 Frauen allein in Deutschland. Bei den Männern hat sich der Prostatakrebs ernährungsbedingt erhöht. In den letzten acht Jahren ist in den USA die Zahl der Opfer von Prostatakrebs von 27 000 auf 41 000 gestiegen. In Deutschland sterben jährlich 12 000 Männer an Prostatakrebs. Ähnlich alarmierende Zahlen liegen für den Dickdarmkrebs vor: 48 000 Männer und Frauen erkranken jährlich daran, und davon sterben jährlich allein in Deutschland 21 000.

Die Menschen der westlichen Welt geben ein Vermögen dafür aus, krank zu werden und anschließend ihre Krankheiten behandeln zu lassen. In ausgleichender Gerechtigkeit haben die Menschen ärmerer Länder weniger Krebs als die Menschen der Wohlstandsgesellschaft. Die Ursachen für den Anstieg der Krebserkrankungen liegen in einem höheren Verbrauch von Fett und tierischem Eiweiß. Hoher Fettverzehr steht im Zusammenhang mit Krebs an Dickdarm, Brust, Bauchspeicheldrüse und Vorsteherdrüse (Prostata). In den Industrieländern werden pro Kopf täglich 100 g Fett verzehrt (vor allem in Form von Fleisch und Wurst). Viel Fett in der Ernährung verbraucht viel Verdauungssäfte, darunter auch Gallensäuren, die von der Darmflora zu krebserzeugenden Substanzen abgebaut werden. Durch eine WHO-Studie (Vangard-Studie), die in drei großen Städten der USA durchgeführt wurde, konnte gezeigt werden, daß sich das Krebsrisiko um 20–25 Prozent senken läßt, wenn der Fettverbrauch eingeschränkt wird. Dem entsprechen die Ergebnisse anderer Studien. Dazu gehört auch eine Studie über Brustkrebs und Fettverzehr. Sie ermittelte, daß durch eine vegetarische Diät das Krebsrisiko dramatisch sinkt.

Erhöhter Sexualhormonspiegel und Übergewicht

Eine besondere Rolle bei der Krebsentstehung kommt neben dem Fettverzehr auch dem Sexualhormonspiegel zu. Wie Hildegard ganz richtig betont, wird die Sexualität

durch zuviel Fleisch und das viele Durcheinanderessen stimuliert.
»Denn wenn ein Mensch allerlei Fleisch und übermäßig heiße und besonders wohlschmeckende Speisen ohne Wahl und Ordnung zu sich nimmt, versetzt deren Saft den Saft seines Markes in eine schädliche Aufregung, so daß dieses sich in Lustbegierde erhebt. Deshalb soll ein Mensch, der Fleischspeisen essen will, diese mäßig und mit nur einfachem Gewürzzusatz gekocht, nicht aber zu heiß, nicht mit zuviel Zusätzen und Gewürzen allzu wohlschmeckend zubereitet genießen. Ihr Saft besitzt nämlich eine gewisse Gemeinschaft mit dem Saft des Menschen und flößt seinem Mark leicht die Begierde nach Lust ein. Ebenso auch trocknet starker und edler Wein die Kraft der Blässe des Menschen aus, so daß diese seinem Mark nicht die richtige Lebensfrische liefern kann.«
Die von Hildegard beschriebene Melanche oder Schwarzgalle ist bei der Entstehung fast aller Krankheiten, so auch beim Krebs mitbeteiligt. Das sehr interessante Molekül der Gallensäure ist Ausgangsmaterial für Cholesterin und die Sexualhormone. Die Gallensäure wird durch Wutausbrüche, Zorn, emotionalen Streß, Sorge und Kummer vermehrt ausgeschüttet, aber auch durch zu fette Ernährung mit Wurst, Fleisch, fettem Käse, Milch und Eiern. Dadurch steigen automatisch der Cholesterin- und der Sexualhormonspiegel. Kein Wunder, daß die westliche Welt durch den hohen Verbrauch von tierischem Eiweiß überfordert ist und die hormonabhängigen Krebsarten (Brustkrebs, Prostatakrebs und Dickdarmkrebs) alarmierend zugenommen haben.
Sexualhormone stimulieren die Fortpflanzungsorgane. Bei Frauen aktiviert das weibliche Hormon Östrogen während

des Zyklus Brust und Uterus für eine mögliche Schwangerschaft, indem die zelluläre DNS – der genetische Code – aktiviert wird, damit eine rasche Zellteilung stattfinden kann. Dieser Prozeß steht normalerweise unter strenger Kontrolle von Wachstumsregulatoren. Bei erhöhtem Östrogenspiegel, der auch durch die Einnahme der Antibabypille oder von Östrogenen während des Klimakteriums verursacht werden kann, entsteht ein Steroidabbauprodukt, das sogenannte C-16-Hydroxyöstrogen. Es kann in jede Zelle des menschlichen Körpers eindringen und das DNS-Material »anbeißen«, um Krebszellen zu produzieren. Frauen mit familiärer Krebsvorbelastung haben einen erhöhten C-16-Östrogenspiegel.

Wie kann man den gefährlich hohen Sexualhormonspiegel senken?

Die beste Methode, den C-16-Östrogenspiegel zu senken, ist die Umstellung auf Kost mit viel Dinkel, Obst und Gemüse, wodurch auch der Gallensäure- und der Cholesterinspiegel gesenkt werden.

Frauen in ärmeren Ländern der Welt mit vegetarischer Ernährung haben einen viel geringeren Sexualhormonspiegel und ein um 20 Prozent niedrigeres Brustkrebsrisiko als Frauen in der westlichen Welt. Darüber hinaus hat man festgestellt, daß durch Bewegung und mäßige sportliche Betätigung der Sexualhormonspiegel gesenkt und damit das Krebsrisiko vermindert werden kann.

Besonders in grünem Salat, in Gemüse und Obst befinden sich natürliche Wirkstoffe, die in der Lage sind, krebsauslösende Stoffe unschädlich zu machen. Gesund sind vor allem Brokkoli, Rosenkohl und das Fenchelgemüse, die alle ein sogenanntes Indol-3-Carpindol enthalten. Es ist in der Lage, das gefährliche Östrogen-Abbauprodukt zu entfernen, bevor es aus dem Darm über das Blut in die Organe gelangt. Dazu bedient sich dieses Molekül eines fettlöslichen Vitamins C aus der Ascorbin-Reihe und aktiviert ein Enzym (MFO = mixed function oxydase). Der Indol-Ascorbin-Enzym-Komplex verursacht die Zerstörung der Kanzerogene, bevor diese gefährlichen Stoffe eine Chance haben, in den Zellkern vorzustoßen. Es handelt sich hier um eine der besten Methoden, Krebs zu verhüten. Es konnte gezeigt werden, daß nicht nur das Brustkrebs-, sondern auch das Dickdarmkrebs-Risiko dadurch um 80 Prozent gesenkt wird.

Darüber hinaus ist bekannt, daß derselbe Komplex auch noch in der Lage ist, das körpereigene Immunsystem anzuregen, um Krebszellen zu vernichten. In Karotten, Blattsalat, Kürbis, rote Bete sowie Obst mit dem roten Fruchtfarbstoff Anthocyan haben wir eine andere starke Waffe gegen den Krebs. Sie enthalten das Vitamin P, auch Permeabilitätsvitamin genannt, das in der Lage ist, krebsauslösende freie Radikale, die den genetischen Code ständig attackieren, abzufangen und unschädlich zu machen. Dazu gehören als weitere Helfer auch das Beta-Karotin, das zu Vitamin A abgebaut wird, sowie Vitamin E, das in Öl und Nüssen enthalten ist.

Aber auch andere Früchte haben wirksame Substanzen, die das Krebsrisiko senken können. Dazu zählen die Cumarine in der Petersilie, im Sellerie und in Karotten, das Limonen in den Zitrusfrüchten sowie Bioflavonoide in Kirschen, Brombeeren, schwarzen Johannisbeeren und Orangen. Sie alle enthalten jenes Vitamin P, das in der Lage ist, die Zellmembranen so abzudichten, daß die krebsauslösenden Viren nicht in die Körperzellen eindringen können.

Überraschend und sensationell sind auch die Arbeiten von Professor Weuffen zu natürlichen Schutzstoffen: zum Bei-

spiel Rhodanid oder Thiocyanat. Es unterstützt alle Wachstumsvorgänge, also auch die Blutbildung, die Immunstimulation sowie die humorale und zelluläre Abwehr. Bei einer Infektion, Allergie oder Präkanzerose läßt sich durch konsequente Dinkelernährung ein so hoher Thiocyanat-Spiegel erreichen, daß man vor diesen Gesundheitsproblemen geschützt ist (siehe auch das Kapitel »Schutzkost«).
Im Zusammenhang mit einem erhöhten Sexualhormonspiegel kann man auch das Krebsrisiko bei übergewichtigen Männern und Frauen verstehen, da die Fettzellen zusätzlich in der Lage sind, Sexualhormone selbst nach dem Eintritt des Klimakteriums zu produzieren. Dadurch leiden übergewichtige Frauen zu 50 Prozent mehr an Brustkrebs als normalgewichtige. Darüber hinaus gilt das Übergewicht als Risikofaktor für die Tumore der weiblichen Brustdrüse, der Genitalien, der Gallenblase, des Dickdarms und möglicherweise auch der Nieren.

Mangel an Ballaststoffen

Dinkel, Obst und Gemüse sind eine reiche Quelle von wertvollen Ballaststoffen, die in der Lage sind, im Darm Cholesterin, Gallensäure und Sexualhormone zu absorbieren und dadurch das Krebsrisiko drastisch zu senken.
Beim Mahlen des Getreides zu weißem Mehl (Typ 405) werden die Ballaststoffe entfernt, wodurch das Mehl wertlos wird. Nur das Dinkelmehl enthält auch dann noch einige Mineralstoffe und lösliche Ballaststoffe. Um die Jahrhundertwende wurden durch den Verzehr von Dinkel, Obst und Gemüse und anderen Getreidesorten und Hülsenfrüchten täglich mindestens 100 g Ballaststoffe pro Kopf aufgenommen. Heute sind es nur noch 20 g.

Durch die Faserstoffe wird die Verweildauer der Nahrung im Darm verkürzt, wodurch krebserregende Stoffe, die sich im Enddarm aufhalten, wie Indol, Phenol, Skatol, Dioxine und ähnliche chlorierte Kohlenwasserstoffe, schnell entfernt werden, bevor sie Schaden anrichten. Faserstoffe kann man auch zusätzlich durch Dinkelkleie, Obst und Gemüse, die Pektin enthalten, sowie besonders durch Flohsamen der Nahrung zusetzen. Daher gehört der Flohsamen zu einem der besten Nahrungszusatzstoffe, die vor Krebs schützen.

Alkohol

Ein regelmäßiger und hoher Alkoholkonsum ist für die Entstehung von Mund-, Rachen-, Speiseröhren- sowie Brustkrebs verantwortlich und tritt bei Menschen mit regelmäßigem Alkoholkonsum häufiger auf als bei Personen, die selten Alkohol trinken. Der Konsum hochprozentiger Spirituosen und das Rauchen potenzieren das Krebsrisiko.

Rauchen

30 Prozent aller Krebsarten gehen auf das Konto des Nikotins. 90 Prozent aller Lungenkrebstoten waren aktive oder passive Raucher. Das sind allein in Deutschland 37 000 Menschen, die jährlich an Krebs der Atemwege sterben. Der Grund, daß das Zigarettenrauchen nicht stärker eingeschränkt wird, liegt einzig daran, daß der Staat an der Tabaksteuer kräftig mitverdient. Mit dem Rauchen aufzuhören oder gar nicht erst anzufangen ist der wirkungsvollste Schritt, um den Krebs der Atemwegserkrankungen sofort zu bekämpfen.

Umwelteinflüsse

In einer intakten Umwelt hat der Mensch alle Möglichkeiten, sich gesund zu ernähren und keinen Schaden zu nehmen. Durch die ständige Verschmutzung und Zerstörung der natürlichen Lebenselemente Wasser, Luft und Boden sind aber unsere Lebensmittel mit krebsauslösenden Stoffen derartig verseucht, daß man gut daran tut, sich vorwiegend mit biologisch angebautem Getreide, Obst und Gemüse zu versorgen. Das setzt voraus, daß wieder ein gutes Verhältnis zu den erzeugenden Bauern hergestellt wird und die Bauern auch den rechten Preis für ihre hochwertigen Produkte erhalten.

Strahlen und Elektrosmog

Mehr als ein Prozent aller Krebsarten werden durch Umweltstreß erzeugt. Dazu gehören: zu langer Aufenthalt im Sonnenlicht, Röntgenstrahlen, Radongas in radioaktiver Atmosphäre sowie Elektrosmog durch Hochspannungsleitungen, Radarflugüberwachung oder Transformatoren.
Wenn Strahlen auf Zellmembranen treffen, kommt es über Enzyme zu einer Aktivierung des genetischen Steuerungsmoleküls, einem sogenannten Transkriptionsfaktor, der normalerweise die Teilung der Zelle überwacht. Wird das Steuerungsmolekül über den zellulären Botenstoff angeregt, die Zellteilung zu beschleunigen, kann es zum Krebswachstum kommen.
In diesem Zusammenhang muß auch über die ständige Belastung durch Weltraumsatelliten, Mikrowellengeräte und ähnliches nachgedacht werden, weil hier mögliche Ursachen für ein erhöhtes Krebsrisiko liegen.

Ultraviolette Strahlung

Durch die Zerstörung der schützenden Ozonschicht sind wir der ultravioletten Strahlung heute stärker als früher ausgesetzt. Daher soll man sich vor intensiven Sonnenstrahlen mit entsprechenden Kleidungsstücken schützen, nicht länger als 15 Minuten sonnenbaden und Sonnenbrand verhindern. Durch übertriebene Sonnenbestrahlung entsteht nicht nur Hautkrebs, der in den letzten Jahren dramatisch zugenommen hat, sondern es kommt auch zu einem schnelleren Altern der Haut.

Berufsschäden

Vier Prozent aller Krebsarten gehen auf einen vermehrten Kontakt mit bestimmten Stoffen und Chemikalien im Beruf zurück. Dazu gehören Farben, Gummi, Erdgas, die Blasenkrebs auslösen können, Glasfasern mit Gefahr von Atemwegskrebs, Farben und Klebstoffe, die für Leukämie verantwortlich sind, PVC als Auslöser von Leberkrebs sowie ionisierende Strahlen als Auslöser von Lungen-, Knochen- und Knochenmarkkrebs.
An Tankstellen und in der Erdölindustrie ist das Krebsrisiko durch den Kontakt mit aromatischen Kohlenwasserstoffen (Benzol, Toluol, Kresol) erhöht.

Die häufigsten Krebsarten

Krebs breitet sich explosionsartig aus: Jedes Jahr sterben weltweit 6,6 Millionen Menschen an Krebs. Man schätzt, daß der Krebs in Europa und Nordamerika bis zur Jahrhundertwende die bisherige Nummer eins auf der Liste der häufigsten Todesursachen, die Herz-Kreislauf-Erkrankungen, überrunden wird. Allein in Deutschland sterben jährlich 270 000 Menschen an Krebs. Tendenz steigend aufgrund der zunehmenden Schäden an unserem Erbgut und Immunsystem.

Dabei könnte jeder sein Krebsrisiko durch einen vernünftigen Lebensstil und eine gute Ernährung um fast 90 Prozent senken: Jeder dritte Krebstote geht auf das Konto der Tabakindustrie. Ein weiteres Drittel der tödlichen Krebserkrankungen ist die Folge einer falschen Ernährung. Das letzte Drittel entfällt – wie wir bei Hildegard gesehen haben – auf die seuchenhafte Vermehrung der Viruserkrankungen in unserer Zeit. Dabei darf beim Krebs niemals außer acht gelassen werden, daß das ganze unheilvolle Geschehen seinen Ausgang im seelischen Bereich nimmt und von hier aus gesteuert wird. Die Krebsärzte kämpfen bisher am falschen Ende, wenn die Krankheit schon viel zu weit fortgeschritten ist, und ergreifen aggressive Maßnahmen, um zu retten, was noch nicht verloren ist.

Die Diagnose Krebs löst in jedem Menschen einen Schock aus, als wenn er in einen schweren Verkehrsunfall geraten wäre. Es wäre töricht, hier nicht sofort die richtigen Maßnahmen zu ergreifen, um Erste Hilfe zu leisten. Die Krebs-

behandlung gehört in die Hände von Ärzten, die sich auf dieses Gebiet spezialisiert haben. Wer wollte heute ernsthaft diese Hilfe ablehnen?
Es wäre ein Kunstfehler, einen operablen Tumor nicht zu entfernen und – wenn es sein muß – auch schonend mit Bestrahlung und Chemotherapie nachzubehandeln. Allerdings haben die beiden letztgenannten Verfahren bei den Patienten zum Teil große Schäden hinterlassen, da nicht nur der Krebs, sondern auch die Lebensqualität zerstört wurde. Es ist aus der Sicht der Hildegard-Medizin ein Kunstfehler, die Krebsbehandlung nicht durch die Naturheilkunde zu humanisieren und den entstandenen Schaden wiedergutzumachen. Dazu gehören:

- die Operation unter Schafgarbenschutz
- die Narbennachbehandlung mit Veilchensalbe
- die Darmsanierung
- die Entgiftung des Körpers durch Aderlaß
- die Umstellung der Ernährung auf Dinkelgetreide

Noch vor 100 Jahren wußte jeder Arzt, daß er den Körper wieder zu entgiften hat, wenn er dem Patienten vorübergehend einmal Gift geben mußte, um eine Krankheit in den Griff zu bekommen.
Die Chemotherapie hat in der Pflanzenheilkunde eine uralte Tradition und wurde bereits von Dioskurides (50–79 n. Chr.) eingesetzt, der seinen Krebspatienten das Schierlingselixier reichte. Hildegard von Bingen warnte vor der innerlichen Einnahme dieses Giftes, da es übelste Säfte und übelste Krankheiten im Menschen hinterließe: Brechreiz, Haarausfall und Appetitverlust. Der Leibarzt der Kaiserin Maria Theresia, Dr. von Stork, entdeckte in den Giftstoffen des Schierlings ein Heilmittel gegen den Krebs. Ähnliche Wir-

kung hat die giftige Herbstzeitlose, die das Interesse der Naturforscher weckte, weil der Wirkstoff Kolchizin unschätzbar für die Behandlung von Gicht ist und die Zellteilung von Krebszellen hemmt.

Ein weiteres Beispiel für die Heilkräfte der Natur ist das kleine Immergrün (Vinca rosea), dessen Wirkstoff Vincristin heute als Antikrebsmittel bei der Leukämie eingesetzt wird.

Die Onkologie hat sich in den letzten zehn Jahren stürmisch entwickelt. Die neueste Entwicklung geht dahin, Strahlen- und Chemotherapie durch besser verträgliche Medikamente abzulösen, die genetische Schäden frühzeitig ausgleichen und verhindern. Doch ist es ein Irrtum zu glauben, daß durch eine konventionelle Krebsbehandlung die Störung behoben und für den Patienten nun alles wieder so weitergehen würde wie bisher. Für den Patienten ist es überlebenswichtig, mit dem Arzt zusammenzuarbeiten und die großartigen Möglichkeiten der Naturheilkunde zu nutzen. Besonders in Amerika, aber auch schon in Deutschland werden inzwischen die ganzheitlichen Möglichkeiten der Naturheilkunde mit der Krebstherapie kombiniert. Dazu gehört das ganze Programm der von Hildegard von Bingen beschriebenen Maßnahmen wie Diät, Gebete und Meditation sowie die immunstimulierenden und entgiftenden Maßnahmen.

In der nun folgenden Übersicht sind die Risikofaktoren und die Warnzeichen und Symptome der zwölf häufigsten Krebsarten zusammengefaßt. Jeder sollte unbedingt seine Risikofaktoren kennen, da man den Krebs nur verhüten oder erkennen kann, wenn man über diese Alarmzeichen Bescheid weiß.

Alle Krebsarten weisen gemeinsame Risikofaktoren auf, wobei das Krebsrisiko mit zunehmendem Alter steigt, weil die

Fehlerhäufigkeit bei der Zellteilung immer mehr zunimmt. Rauchen und Alkohol sind für die häufigsten Genschäden verantwortlich. Die Krebshäufigkeit ist auch von den Eßgewohnheiten und der Zugehörigkeit zur westlichen Zivilisation abhängig. Eine Engländerin hat eine um fünfmal größere Wahrscheinlichkeit, Brustkrebs zu bekommen, als eine Japanerin, weil die Brustkrebsrate in England um 5 Prozent höher ist als in Japan. Lebt die Japanerin in Europa, hat sie das gleiche Risiko wie in ihrer Heimat. Osteuropäische Jüdinnen erben von ihren Müttern das brustkrebsauslösende Gen BRCA1 und haben daher ein größeres Brustkrebsrisiko als andere Frauen. Die großen Unterschiede können nicht anders erklärt werden als durch Rauchen, Alkohol, Lebensstil, Ernährung und Vererbung.

Tumore der Bronchien und der Lunge

Die Zahl der Lungenkrebstoten ist in den letzten dreißig Jahren dramatisch gestiegen. Hauptrisikofaktor ist das Rauchen. Der amerikanische Forscher Gerd Pfeiffer vom Beckman Research Institute in Kalifornien konnte nachweisen, daß das Benzpyren aus dem Zigarettenteer das Gen p53 schädigt. Dieser kleine »Wachhund« p53 kontrolliert die normale Zellteilung, die sich krebsartig verändert, wenn das Gen zerstört wird.
Nikotin ist nicht nur ein starkes Zellgift, sondern verengt auch die Blutgefäße und verursacht Durchblutungsstörungen. Dadurch wird das Denken, also der normale Menschenverstand, blockiert. Wie stark die Nikotinwirkung ist, zeigt die Tatsache, daß die Raucher freiwillig jedes Jahr Tausende von DM aufbringen, um ihre Gesundheit und die

ihrer Mitmenschen zu ruinieren. Dabei kennen fast alle Raucher das Krebsrisiko, da ja auch auf jeder Zigarettenpackung steht: »Rauchen gefährdet die Gesundheit«.
Der gute Rat lautet also: Gar nicht erst mit dem Rauchen anfangen oder sofort damit aufhören. Dafür gibt es heute wirksame Hilfen: zum Beispiel statt zu rauchen eine scharfe Galganttablette einnehmen. Galgant hat keine Nebenwirkungen. Man kann ohne weiteres täglich 5–10 Tabletten zu sich nehmen, zugelassen sind sogar 20 pro Tag.
Der kurzfristige Gebrauch von Nikotinkaugummi wird heute empfohlen, um die Entzugserscheinungen zu überbrücken. Von einer Einnahme, die über elf Monate hinausgeht, ist jedoch abzuraten, weil die längere Anwendung das Risiko von Krankheiten der Herzkranzgefäße verstärken würde.

Risikofaktoren:
- Rauchen erhöht das Krebsrisiko um das 30- bis 40fache beim Kettenraucher im Vergleich zu einem Nichtraucher.
- Das Risiko steigt ab dem 35. Lebensjahr stark an, die höchste Todesrate haben Patienten mit 65 Jahren.
- Zusätzliche Risiken bestehen bei Arbeitern in der Asbestindustrie, bei Pipeline-Schweißern durch Chrom und Nickelstahl, bei Hochofenarbeitern, Stahlwerkern, in der Bauindustrie durch Glasstaub und Mineralstaub von Isoliermaterial, durch Auto- und Industrieabgase.

Warnsignale: Chronischer Raucherhusten, Verschleimung, Auswurf, Schmerzen, Fieber, Atemnot, Leistungsabfall, Müdigkeit und Kräfteverlust.

Vorbeugung: Nicht rauchen sowie vorzugsweise Karotten und Kürbisse essen, in denen die sogenannten Beta-Karotinoide, die gelben und roten Gemüsefarbstoffe, vorhanden sind. Durch den täglichen Verzehr von Karotten und Kürbissen kann das Risiko bis um das Vierfache gesenkt werden.

Brustkrebs

Risikofaktoren:

- Das Brustkrebsrisiko steigt bei Frauen, deren natürliche Blutreinigung vorzeitig, beispielsweise durch eine Totaloperation, zum Stillstand gekommen ist und die dann noch zusätzlich eine Hormonersatztherapie durchführen. Hildegard beschreibt, daß durch den Verlust der natürlichen Blutreinigung »schlechte Säfte« im Körper zurückbleiben, die schwere Krankheiten, unter anderem Brustkrebs, auslösen können.
- Seelische Ursachen (Schicksalsschläge, Liebes- und Partnerschaftsverlust durch Trennung, Scheidung und Tod) sowie seelische Verletzungen durch Demütigungen und Enttäuschungen (siehe auch das Kapitel »Psychotherapie«).
- Das Altersrisiko: Mit dem Alter steigt das Brustkrebsrisiko stark an. Durch den Einfluß von Fett wird die Östrogenproduktion in den Eierstöcken angeregt, und je mehr Östrogen produziert wird, um so mehr wird die Zellteilung beschleunigt. Darum ist bei jeder Östrogenzusatztherapie größte Vorsicht geboten.
- Hormonzusatzbehandlung im Klimakterium: Durch eine Östrogenbehandlung im Klimakterium wird das Tumorwachstum zusätzlich angeregt.
- Übergewicht im Klimakterium: Durch den Wegfall des Sexualhormons Progesteron steigt der Östrogenspiegel

zusätzlich an. Darüber hinaus wird im Fettgewebe zusätzlich Östrogen produziert.

- Antibabypille: Wie von einigen Studien nachgewiesen wurde, besteht durch die Einnahme der Pille ein Risiko, Brustkrebs zu bekommen. Aus Tierversuchen ist bekannt, daß es zu Erbschäden kommen kann, wenn die Pille über drei Generationen ununterbrochen eingenommen wird.
- Durch eine früh einsetzende Menstruation vor dem 12. Lebensjahr verstärkt sich das Risiko, da durch die zahlreichen Zyklen auch eine höhere Brustkrebsrate auftritt. Ähnliche Verhältnisse liegen vor bei spätem Beginn des Klimakteriums, bei Kinderlosigkeit, bei Spätgebärenden nach dem 30. Lebensjahr.
- Das Brustkrebsrisiko steigt bei familiären Belastungen, wobei das krebsauslösende Gen vererbt wird. Eine genetische Belastung besagt aber keinesfalls, daß unbedingt ein Brustkrebs auftreten muß, wenn durch einen vernünftigen Lebensstil und eine gute Ernährung das Risiko gesenkt wird. Die heutige Praxis einer prophylaktischen Chirurgie ist vollkommen sinnlos, weil bei Frauen, die sich aus Angst vor Brustkrebs verstümmeln lassen, auch andere Krebsarten auftreten können. Auch die Praxis, Frauen unter Druck zu setzen und sie zur Totaloperation zu motivieren, ist gefährlich und sinnlos. Ebenso die viel zu zahlreich durchgeführten Totaloperationen bei Myomen im Klimakterium, da sich viele Myome im Klimakterium abkapseln und verkalken. Um das zu erreichen, hat sich besonders der hildegardische Aderlaß bewährt.
- Strahlenbelastung, Elektrosmog: Mikrowelle, Radarüberwachung, elektrische Magnetfelder durch Radiotransistoren, Radiowecker, zuviel Fernsehen, zuviel Compu-

terarbeit. Hier sollte eine Edelsteinkette aus Amethyst, Chalcedon oder Smaragd getragen werden, da die Edelsteine auf natürliche Weise schützen.

- Hormonverseuchtes Kalb- und Rindfleisch.
- Eine knotenreiche Frauenbrust, bei der sich das Bindegewebe durch gutartige Knoten oder Zysten (Fibromatose) vermehrt hat. Zysten sind Hohlräume, die am häufigsten im Alter zwischen 35 und 50 Jahren auftreten. Sie sind gefüllt mit schlechten Säften, die durch eine gesunde Kost und den Aderlaß beseitigt werden können. Kurz vor der Menstruation schwellen die Zysten häufig an und sind schmerzhaft. Hilfreich ist, Veilchensalbe einzumassieren. Bei Fibromatose fühlt sich die Brust rauh und höckerig an. Das Bindegewebe hat sich gutartig vermehrt, weshalb die Fibromatose auch als eine gutartige Brusterkrankung bezeichnet werden kann. Diese normalerweise harmlosen Veränderungen der Brust sind sehr häufig. Mehr als die Hälfte aller Frauen ist davon betroffen. Manchmal kann auch ein Milchgang verstopft und infiziert sein und in der näheren Umgebung eine Rötung, Überwärmung, Schmerzen und Schwellungen hervorrufen. Ein Stoß oder Schlag auf die Brust kann ebenfalls einen Knoten verursachen.

Warnsignale: Wenn Sie folgende Zeichen durch monatliche Brustuntersuchung beim Duschen feststellen, fragen Sie Ihren Arzt oder Heilpraktiker:

- Größen- und Umrißveränderung der Brust
- Knoten im Bindegewebe
- Veränderungen der Brüste untereinander
- Absonderung von Flüssigkeit aus der Brustwarze
- Lymphknotenschwellung unter der Achselhöhle

Darmkrebs

Risikofaktoren:

- Seelische Ursachen wie Schicksalsschläge, Partnerverlust, Zorn, Wut, Ärger, Aufregung, die eine Überproduktion von Gallenflüssigkeit anregen. Gallensäure kann durch die normale Darmflora zu krebserregenden Substanzen abgebaut werden, die sich im Dickdarm anreichern.
- Altersrisiko: Mehr als 90 Prozent der Dickdarmkrebserkrankungen betreffen Patienten über 50 Jahre.
- Familiäre Belastung: Die Erkrankungsrate nimmt bei genetischer Belastung um das Drei- bis Vierfache zu.
- Falsche Ernährung: Durch zuviel Fett und eine einseitige eiweißreiche tierische Kost sowie eine ballaststoffarme Ernährung steigt das Dickdarmkrebs-Risiko an.
- Chronische Entzündungen bei Colitis ulcerosa oder Morbus Crohn, durch die eine vermehrte Zellteilung der Dickdarmschleimhaut auftreten kann.
- Chemische Arzneimittel und Chemikalien in Lebensmitteln: Alle aromatischen Kohlenwasserstoffe werden im Darm durch die Darmflora zu Phenolen, Kresolen, Indolen, Skatolen, Dioxin und chlorierten Kohlenwasserstoffen abgebaut, die sich im Dickdarm anreichern und Krebs auslösen können.

Warnsignale:

- Darmbluten, festzustellen im Hämokkulttest
- Durchfall im Wechsel mit Verstopfung
- Dünner Stuhl, mit Fett und Blut vermischt
- Unterleibsschmerzen
- Plötzlicher Eisenmangel (Anämie)
- Polypen

Vorbeugung: Regelmäßige Darmsanierung nach der Hildegard-Heilkunde und eine Ernährung mit Dinkel, Obst und Gemüse. Ballaststoffhaltige Kost und tägliche Einnahme von Flohsamen sowie Konsum von Äpfeln. Ihre Faserstoffe sind in der Lage, nicht nur die aromatischen Kohlenwasserstoffe aus dem Darm auf natürliche Weise zu entfernen, sondern auch die Gallensäure aufzusaugen und dadurch den Cholesterinspiegel und den erhöhten Sexualhormonspiegel zu normalisieren. Ein erhöhter Sexualhormonspiegel durch eine zu fettreiche Kost ist einer der Hauptrisikofaktoren bei Darmkrebs.

Magenkrebs

Risikofaktoren:

- Seelische Risikofaktoren bei Patienten, die mit Demütigungen und Enttäuschungen konfrontiert sind (»arme Schlucker«). Außerdem Wut und Zorn, wodurch die Gallensäureproduktion angeregt wird und es häufig zu Sodbrennen und Aufstoßen kommt.
- Altersrisiko: Die Magenkrebsrate steigt nach dem 50. Lebensjahr steil an mit einem Höhepunkt im Alter von 70 bis 80 Jahren.
- Ständige Magenerkrankungen, wie zum Beispiel bei perniziöser Anämie, chronische Gastritis mit einer vermehrten Zellteilungshäufigkeit und Magenpolypen.
- Fehlernährung durch salzreiche, gepökelte und nitrathaltige Kost (Geräuchertes oder Schinken). Pilzbefall durch Aflatoxine, die sich im verseuchten Getreide befinden (Dinkel ist durch seine Spelzschicht vor Aflatoxinen geschützt).

- Nitrathaltige Gemüse und Salate durch Überdüngung. Die Nitrate werden im Magen zu krebserregenden Nitrosaminen reduziert.
- Durch chemische Arzneimittel, besonders durch sogenannte H_2-Blocker, wird der Magensäurespiegel gesenkt, so daß sich Bakterien aus dem Dünndarm ansiedeln können, vor allem Helicobacter pylori. Sie werden neuerdings für die Auslösung von Magengeschwüren verantwortlich gemacht.
- Hoher Alkoholkonsum, besonders von hochprozentigen Schnäpsen und Likören.
- Familiäre Belastung durch Erbgutschäden.
- Zigaretten- und Tabakrauch.
- Zu heiße Speisen.

Warnsignale: Gewichtsverlust, Oberbauchschmerzen mit Übelkeit und kolikartigen Schmerzen, Schwächegefühl.

Vorbeugung: Eine positive Lebenseinstellung und eine gute Ernährung mit Dinkel, Obst und Gemüse sind der beste Schutz vor Magenkrebs.

Prostatakrebs

Risikofaktoren:

- Alter: 50 Prozent aller Männer über 50 Jahre und 70 Prozent aller Männer über 70 Jahre haben Prostatakrebs.
- Familiäre Belastung.
- Falsche Ernährung: Fetter Käse, Schokolade und zuviel Fleisch fördern das Krebswachstum, weil durch zuviel Fett die Sexualhormone angeregt werden. Die Zelltei-

lung in der Prostata ist durch die Sexualhormone besonders beschleunigt, wodurch es vermehrt zu Prostatakrebs kommen kann. Vorwiegend vegetarische Kost mit faserreicher Ernährung ist der beste Schutz vor Prostatakrebs.

Warnsignale: Schmerzhaftes Wasserlassen, Veränderung des Harnstrahls, vermehrter Harndrang besonders nachts, schmerzhafte Ejakulation und Blut im Urin. Ischiasschmerzen und im späteren Stadium der Krankheit sogar Knochenschmerzen.

Vorbeugung: Betasten der Prostata durch den Arzt, niemals eine Gewebeprobe oder Biopsie durchführen lassen, da durch den Einstich der Nadel in die Prostata eine Infektion mit Darmbakterien ausgelöst werden kann. Liegt bereits ein bösartiges Tumorwachstum vor, geraten durch die Verletzung millionenfach Metastasen in den Organismus und können in kurzer Zeit vom körpereigenen Immunsystem nicht mehr unter Kontrolle gehalten werden.
Die Prostatagröße kann auch durch Ultraschall festgestellt werden. Die meisten Vergrößerungen sind gutartig (Prostata-Adenom) und können bei einer Restharnmenge von bis zu 150 ml sehr gut durch pflanzliche Medikamente unter Kontrolle gehalten werden. Dazu gehören Brennesselwurzeln, Kürbiskerne, der Extrakt der Sabal (Zwergsägepalme) und der von Hildegard empfohlene Rainfarnsaft.
Da Prostatakrebs so spät Symptome entwickelt, ist der Operationsschaden im hohen Alter größer als der Nutzen. Ob die Prostatavergrößerung bösartig oder gutartig ist, kann auch ein PSA-Test (Prostataspezifisches Antigen) anzeigen. Ein Wert größer als 4 besagt, daß die Prostatazellen krebsartig sind und Eiweiß produzieren, das man im Blut messen kann.

Erhöhte PSA-Werte kann man durch Aderlaß, Hildegard-Diät, Rainfarnsaft oder andere therapeutische Maßnahmen, die das Immunsystem stimulieren, wieder senken. Es traten dabei Erfolge auf, indem der PSA-Wert von 100, ja sogar 600 auf 12 oder niedriger gesenkt wurde und dadurch eine Operation nicht nötig war. Allerdings gibt es auch sehr viele falsch-positive Befunde, das heißt, der PSA-Wert ist erhöht, obwohl noch kein Symptom aufgetreten ist, und es muß auch noch kein aggressiver Tumor vorliegen. Dieser kann aber entstehen, wenn von der Prostata eine Gewebeprobe entnommen wird und Krebszellen in die Blutbahn gelangen. Viele Patienten mit erhöhtem PSA-Wert werden unnötigerweise operiert.
Die Phytotherapie wird beim Prostata-Adenom in den Stadien I und II eingesetzt:

- Stadium I: Miktionsstörungen (Harnträufeln oder -verhalten ohne Restharn)
- Stadium II: Prostatavergrößerung mit Restharn unter 150 ml (kann im Ultraschall festgestellt werden)

Blutkrebs

Krebserkrankungen im Blut und Knochenmark werden als Blutkrebs und Leukämie bezeichnet, wobei es zu einer krebshaften Vermehrung weißer Blutkörperchen in Knochenmark, Milz und Lymphknoten und nach der Ausschwemmung zahlreicher Leukozyten im Blut zu Werten von 100 000 bis 200 000 pro ml kommen kann. Es gibt eine Leukämie mit einer krebsartigen Vermehrung von Granulozyten, Lymphozyten oder Monozyten. Durch die Untersuchung des Knochenmarks (Brustbein) oder des Lymphsystems (Lymphknoten) kann man zwei Arten von Leukämie unterscheiden:

1. Knochenmarksleukämie (AML = akute myeloische Leukämie mit Vergrößerung der Milz)
2. Milz-Lymphknoten-Leukämie (LL = lymphatische Leukämie mit geschwollenen Lymphknoten)

Die Leukämie kann akut oder chronisch verlaufen.

Risikofaktoren:

- Familiäre Schädigung des Erbguts beim Down-Syndrom (genetische Abnormalitäten)
- Strahlenschäden, zum Beispiel nach Tschernobyl, oder zunehmende Belastung durch Elektrosmog
- Kinder von Müttern, die Alkoholikerinnen sind
- Chemische Arzneimittel und Chemikalien in den Lebensmitteln, Benzol und Toluol im bleifreien Benzin, Autoabgase
- Viren, besonders Retroviren vom Typ HTLV-I (Human-T-Zellen-Leukämie-/Lymphom-Virus-I)

Warnsignale: Früher ist Leukämie bei Kindern vermehrt aufgetreten, sie wird jetzt aber häufig auch bei Erwachsenen beobachtet:

- Zahlreiche Infektionen und Krankheitsanfälligkeit mit Fieber, Schwäche, Müdigkeit, Schmerzen
- Leukozytenanstieg
- Blutplättchenmangel, dadurch ständige Blutungen aus der Haut, vermehrtes Nasenbluten
- Auffallende Blässe

Vorbeugung: Ausschaltung der Risikofaktoren und Dinkelkost. Es wurde beobachtet, daß durch die Dinkelkost die

Leukozytenzahl gesenkt wird und bei anderer Kost – besonders Ernährung mit Nachtschattengewächsen wie Kartoffeln, Paprika, Tomaten und Auberginen – die Leukozytenzahl wieder ansteigt.

Gebärmutterhalskrebs

Risikofaktoren:

- Geschlechtsverkehr in sehr jungen Jahren
- Häufiger Partnerwechsel
- Chronische Infektionen durch Viren, die beim Geschlechtsverkehr übertragen werden: HPV = Human Papilloma Virus)
- Immunschwäche der Scheide durch schlechte Ernährung, Alkohol oder Nikotin
- Mangelnde Genitalhygiene beim Mann und Übertragung von Keimen auf die Frau beim Geschlechtsverkehr

Warnsignale:

- Zwischenblutungen
- Blutiger, fleischfarbener Ausfluß außerhalb der Menstruation
- Kontaktblutungen beim Verkehr
- Scheidengeruch
- Gewichtsabnahme
- Ausfluß
- Beschwerden vor und nach der Periode

Gebärmutterkrebs

Beim Gebärmutterkrebs handelt es sich um den Krebs der Gebärmutterschleimhaut, des sogenannten Endometriums, das meistens durch eine zu hohe Östrogenproduktion zur vermehrten Zellteilung angeregt wird. Der Gebärmutterkrebs ist von der Endometriose zu unterscheiden. Bei der Endometriose findet eine vermehrte Endometriumansammlung außerhalb der Gebärmutter statt mit einem vermehrten Wachstum der Zellen ins Bindegewebe. Das Zellwachstum beim Gebärmutterkrebs kann den ganzen Unterleib betreffen, wobei Verwachsungen und Vernarbungen auftreten, die Schmerzen auslösen können: Kreuz-, Rücken- und Bauchschmerzen sowie Schmerzen beim Geschlechtsverkehr.

Risikofaktoren:
- Übergewicht
- Diabetes
- Bluthochdruck
- Östrogentherapie in den Wechseljahren
- Kinderlosigkeit

Warnsignale: Zwischenblutungen, vermehrter Ausfluß, Schmerzen während des Sexualverkehrs.
Der Krebs der Gebärmutter ist relativ schlecht im Frühstadium zu erkennen. Er wird gelegentlich durch einen Abstrich vom Gebärmutterhals entdeckt, öfter jedoch infolge von Blutungen oder Ausfluß nach der Menopause oder aber durch Ultraschalluntersuchungen, die eine Verdickung der Gebärmutterschleimhaut zeigen.

Vorbeugung: Immunstimulation, Darmsanierung, Ernährung mit Dinkel, Obst und Gemüse.

Krebs der Eierstöcke (Ovarialkarzinom)

Die weiblichen Keimdrüsen produzieren nicht nur befruchtungsfähige Eier, sondern auch das Sexualhormon Östrogen und Progesteron. Durch die monatlichen Zyklen treten häufig Zysten auf, die krebsartig entarten können. Da das Ovarialkarzinom sehr langsam wächst und meistens völlig symptomlos bleibt, ist es durch Ultraschall und durch den Zellabstrich nicht zu erfassen.

Risikofaktoren:

- Fettreiche Ernährung, die die Produktion der Östrogene antreibt
- Übergewicht
- Zusätzlich vorhandene Krebskrankheiten wie Brustkrebs, Gebärmutterkrebs
- Immunschwäche

Warnsignale:

- Unbestimmte Verdauungsstörungen, Blähungen, aufgetriebener Leib mit Bauchwassersucht
- Zwischenblutungen oder Blutungen in den Wechseljahren
- Gewichtsabnahme trotz wachsenden Appetits

Vorbeugung:

- Natürliche Geburtenregelung, Vermeidung der Antibabypille
- Vermeidung der Östrogentherapie in den Wechseljahren
- Ernährung mit Dinkel, Obst und Gemüse

Krebs des Lymphsystems

Bei dem Lymphdrüsenkrebs (Hodgkin-Krankheit) handelt es sich um eine krebsartige Vermehrung der Lymphzellen, wodurch es zu einer Verdickung der Lymphknoten kommt (Lymphom). Man unterscheidet zwei Hauptgruppen dieser bösartigen Tumore: Morbus Hodgkin und Non-Hodgkin-Lymphome.

Das Lymphsystem ist Teil des körpereigenen Immunsystems, wobei die Lymphbahnen netzförmig das gesamte Körpergewebe durchziehen. Die Lymphe transportiert die weißen Blutkörperchen (Lymphozyten), die für die Infektabwehr verantwortlich sind.

Die Lymphknoten sind bohnenförmige Drüsen, die Krankheitserreger abfangen und zerstören. Größtes Lymphorgan ist die Milz. Außerdem gehören die Thymusdrüse, die Mandeln und das Knochenmark dazu.

Man unterscheidet das langsam wachsende, niedrigmaligne Lymphom, das man zunächst durch Immunstimulation und Ernährung behandeln kann, bevor man Chemotherapie und Bestrahlung einsetzt. Darüber hinaus gibt es noch das schnell wachsende, hochmaligne Lymphom, das sehr rasch medizinisch behandelt werden sollte. Beim hochmalignen Lymphom beträgt die Überlebenszeit allerdings oft nur wenige Monate. Daher sind beim Einsatz vom Chemotherapie, Strahlentherapie und Knochenmarktransplantation Nutzen und Risiko sehr kritisch abzuwägen.

Risikofaktoren:

- Altersrisiko: Die Hodgkin-Krankheit tritt meist zwischen dem 40. und 80. Lebensjahr auf. Jedoch können auch jüngere Patienten daran erkranken.

- Virusinfektionen
- Chemikalien und chemische Arzneimittel. Belastung der Lebensmittel mit krebserregenden Substanzen
- Neuerdings findet man häufiger eine Erkrankung bei Personen, die eine zu fettreiche und fleischreiche Kost zu sich genommen haben.

Warnsignale:

- Infektanfälligkeit
- Geschwollene, schmerzhafte Lymphknoten mit Fieber, Schüttelfrost, Nachtschweiß, Gewichtsverlust, Müdigkeit
- Vergrößerte, angeschwollene Milz und Flecken auf der Haut

Vorbeugung: Immunstimulierende Maßnahmen der Hildegard-Medizin, Milztherapie und Ernährungsumstellung auf Dinkel, Obst und Gemüse sowie Aderlaß.

Hautkrebs

Jeder Mensch hat Hautzellen, die Melanin, einen schwarzen Farbstoff, enthalten, der bei Sonnenbestrahlung die Haut braun färbt. Beim Hautkrebs, dem bösartigen Melanom oder Pigmentkrebs, vermehren sich diese Hautzellen unkontrolliert und färben sich durch die Melaninproduktion schwarz. Wird der Hautkrebs nicht rechtzeitig erkannt und behandelt, können die Metastasen jeden Teil des Körpers durchziehen.

Risikofaktoren:

- Jahrelang zuviel Sonneneinwirkung, häufiger Sonnenbrand, zuviel UV-Bestrahlung durch Solarien und Einsatz der Höhensonne für kosmetische Zwecke

- Lichtempfindliche Hauttypen
- Familiäre Belastung
- Arsenbelastung
- Berufe in der Erdöl- und Petrolindustrie, Tankstellen (Belastung durch aromatische Kohlenwasserstoffe)
- Freiluftberufe

Warnsignale:
- Pigmentzellen, die »anders« aussehen
- Hautflecken, die sich asymmetrisch vergrößern
- Hautflecken, deren Grenzen nicht mehr scharf gezogen sind
- Hautflecken und Warzen, die sich schwarz verfärben
- Hautflecken, deren Durchmesser über 6 mm zunimmt und sich laufend vergrößert

Vorbeugung:
- Aus der Sonne gehen, Sonnenbrand vermeiden
- Sonnenschutzmittel verwenden
- Im Freien schützende Kleidung und Kopfbedeckung tragen
- Nicht länger als 15 Minuten in der Sonne liegen
- UV-Strahlen vermeiden

Wenn der Hautkrebs, der sich leicht entdecken läßt, frühzeitig behandelt wird, bestehen hundertprozentige Heilungschancen. Doch eine erfolgreiche Krebsoperation bedeutet nicht, daß der Krebs endgültig besiegt ist. Eine sorgfältige Nachbehandlung ist stets lebensnotwendig. Werden die auslösenden Risikofaktoren nicht gemieden, kommt es zu einem Rückfall. Da in der Hildegard-Medizin die Lebensweise und seelische Ursachen mitberücksichtigt werden, bietet diese Heilkunde eine optimale Vorbeugung vor einem Rückfall. Wichtig ist das Gesundheitsprogramm mit den sechs goldenen Lebensregeln (siehe Seite 71f.).

Bauchspeicheldrüsenkrebs (Pankreaskarzinom)

Risikofaktoren:

- Rauchen
- Diabetes
- Fettreiche Kost
- Konsum von Genußmitteln wie Bohnenkaffee und Alkohol

Warnsignale:

- Koliken, Bauchschmerzen
- Appetitlosigkeit
- Später Gelbsucht

Vorbeugung: Umstellung der Ernährung auf Dinkel-Gemüse-Kost.

AIDS

Noch gefährlicher als Krebs ist die Infektion mit dem HI-Virus (HIV). Nach der Ansteckung mit dem HIV dauert es je nach den Lebens- und Eßgewohnheiten des Patienten noch durchschnittlich elf Jahre, bis die AIDS-Krankheit voll ausbricht. Sobald sich die HI-Viren im Blut den T-Helferzellen nähern, wird in diesen Abwehrzellen das Selbstmordprogramm ausgelöst, und die T-Helferzellen sterben

langsam ab. An diesem Zelltod sind Enzyme beteiligt, die zusammen mit dem Virus den Selbstmord der Helferzellen auslösen.
Da es in der Schulmedizin keine Heilung von AIDS gibt, ist die Prävention die wichtigste Maßnahme, um diese tödliche Infektion zu vermeiden.
Nachdem die AIDS-Krankheit voll ausgebrochen und die Abwehr gegen Null gegangen ist, befallen die Patienten eine Reihe von lebensgefährlichen Infektionen, die dann schließlich zum Tode führen. Dazu gehören unter anderem:

- Candidainfektionen
- Pneumonien
- Tuberkulose
- Herpes simplex
- Magen-, Darm-, Lungen- und Augeninfektionen (Cytomegalie-Virus)
- Lymphome durch Mononukleose, Toxoplasmose, Sarkoidose und schließlich erheblicher Gewichtsverlust mit Durchfall und Fieber.

Der folgende Fallbericht zeigt, daß selbst nach Ausbruch der AIDS-Krankheit das gesamte Geschehen durch eine seelische Umkehr, eine vernünftige Lebensweise und Hildegard-Heilmittel wieder rückgängig gemacht werden kann:

➻ Der Patient ist bis zu seinem 25. Lebensjahr kerngesund. Im November 1975 leidet er an Hepatitis A und B, 1976 an Zeckenenzephalitis. Seit 1978 ist er ständig müde und erschöpft. 1985 Ausbruch der AIDS-Krankheit mit täglichem Fieber und Durchfall; Arbeitsunfähigkeit. Anfang September 1985 Feststellung der AIDS-Krankheit durch den Hausarzt. Rapide Verschlechterung des Gesundheitszustandes, chronische Bronchitis, danach Lungenentzündung. Ende September Einweisung ins Krankenhaus; bettlägerig, gehunfähig. Voraussichtliche Lebensdauer laut Ärzteprognose: drei bis sechs Monate.

Ab Mitte November 1985 Bewußtseinsverlust. Der Patient läßt einen Priester kommen, um sich auf seinen baldigen Tod vorzubereiten. Erbrechen jeglicher Nahrung, selbst nach Infusionen. Kurz vor Weihnachten Besuch des Priesters im Krankenhaus. Dieser bringt ihm gekochte Edelkastanien, die gut vertragen werden. Handauflegung auf Kopf und Brust durch den Priester verursacht eine angenehme Wärme im Körper des Patienten trotz größter Kälte. Hohe Temperaturen normalisieren sich nach den Gebeten. Nach Weihnachten regelmäßiger Besuch des Priesters, der dem Kranken Edelkastanien und einen Habermus aus Dinkel, Äpfel und Zimt bringt. Empfang der Sakramente mit Beichte, Krankensalbung und heiliger Kommunion. Von nun an geht es aufwärts mit dem Patienten. Er entwickelt wieder Appetit, und das Gewicht nimmt laufend zu.

Therapieplan nach Hildegard: Wasserlinsenelixier sowie Dinkelkost mit Habermus, Dinkelgerichte, Schaffleischsuppe, gekochte Edelkastanien, Hühnerfleisch.

Am Silvestertag verläßt der Patient das Krankenhaus. Mitte Januar 1986 Besuch einer Messe, die ihm die nötige Lebenskraft spendet, später allwöchentliche Kirchenbesuche. Ab März tägliche Spaziergänge im Freien mit dem Gehstock, ab September wird auch der Stock nicht mehr benötigt. Innerhalb von einem halben Jahr (September 1985 bis Ostern 1986) Zunahme des Körpergewichts um 12 kg. Im Sommer 1986 übersteht der Patient mehrere grippale Infekte sowie eine Nierenbeckenentzündung und im Januar 1987 sogar eine Lungenentzündung, zwischendurch

mehrere Herz-Kreislauf-Anfälle. Gelegentlich Nervenschmerzen.
Im Sommer 1987 medikamentöser Neuversuch mit Retrovir-Kapseln, die katastrophale akute Nervenentzündungen, Kopfschmerzen, Herzschmerzen, Gelenkschmerzen und Gedächtnisausfall auslösen. Nach sechs Tagen wegen unerträglicher Nebenwirkungen Abbruch des Versuchs. Seitdem keine schulmedizinische Behandlung mehr, sondern ausschließlich die oben beschriebene Hildegard-Therapie.
Zusammenfassung: Der mit den Hildegard-Heilmitteln behandelte AIDS-Patient ist der einzige Überlebende von acht ähnlich betroffenen AIDS-Patienten. Er kann seiner Arbeit wieder bedingt nachgehen. Rückschläge treten nur auf, wenn er sich nicht an den Therapieplan hält. Der Patient hat den Eindruck, daß er die AIDS-Krankheit unter Kontrolle hat.

Vision und Symptom

Krebs als Spiegel der falschen Lebensweise

Nach der prophetischen Schau von Hildegard von Bingen ist der Krebs ein sichtbares Zeichen einer Zeit, die sie *Oblivio* nennt: eine Zeit der Natur- und Gottvergessenheit. Die krebsartigen Zellen scheinen die Erinnerung an ihre natürliche Wachstumsgrenze vergessen zu haben, wie auch die Wohlstandsgesellschaft sich nicht mehr einer natürlichen Lebensweise besinnt. In Europa erkrankt heute jeder Dritte an Krebs.

Die Krebskrankheit ist jedoch kein schicksalhaftes Verhängnis, sondern sie kann durch eine vernünftige Lebensweise weitgehend verhütet werden und liegt daher zum großen Teil in der eigenen Verantwortung. Der Tumor ist also meist das sichtbar gewordene Zeichen einer unharmonischen Lebensweise.

Je nach Krebsart dauert es Jahre, bis der Tumor durch die schulmedizinischen Methoden der Früherkennung entdeckt werden kann. Eine Million Krebszellen sind so groß wie ein Stecknadelkopf und können weder durch Tasten noch durch Röntgenstrahlen erfaßt werden. Bis zum Zeitpunkt der schulmedizinischen Früherkennung verstreicht wertvolle Zeit, und in diesem Stadium ist die Krankheit bereits weit fortgeschritten.

In der Zeit vor dem Ausbruch des Krebses treten jedoch sehr charakteristische Frühwarnsignale auf, die Hildegard genau beschrieben hat, die aber der Schulmedizin vollkom-

men unbekannt sind. Die ersten Warnzeichen sollte man unbedingt kennen und ernst nehmen.
Fast alle Tumorpatienten berichten, daß sie in diesem Stadium des Vorkrebses (Präkanzerose) eine unheilvolle Ahnung über ihren Gesundheitszustand gehabt haben, und sie können meistens sogar ein schicksalhaftes Ereignis anführen, durch das die Krankheit ausgelöst wurde. Der eigentliche Tumor steht erst am Ende dieses langen Geschehens als deutlich sichtbar gewordenes Symbol für den Konfliktknoten.

Die Gesamtschau der Hildegard-Heilkunde

Wie der Titel »Ursachen und Behandlung der Krankheiten« *(Causae et Curae)* ganz richtig betont, werden in der Hildegard-Heilkunde nicht nur die Symptome, sondern vor allen Dingen die Ursachen der Krankheit behandelt. Bei einer ganzheitlichen Heilung nach Hildegard fließen auch immer die Heilkräfte aus allen Bereichen der menschlichen Existenz ein. Was heilt, liegt im tiefsten Inneren eines jeden Menschen verborgen: Es ist das göttliche Zentrum des Menschen. Da Gott der Ursprung des Lebens ist, wird Gottes Wille mit in den Heilungsprozeß einbezogen: »Wie der Strahl aus der Sonne hervorgeht, kommt das Leben aus Gott, denn Gott ist das Leben«, schreibt Hildegard.
Eine echte Heilung kann nur im Namen Gottes erfolgen. Alle anderen Heilungen sind keine echten Heilungen, sondern nur Symptomverschiebungen, die jederzeit wieder an anderer Stelle eine Krankheit auslösen können.
Beim Krebs geht es um Leben und Tod. Keine andere Krankheit ist mehr in der Lage, dem Menschen in so er-

schreckender Weise die Augen für die Ewigkeit zu öffnen. Die Diagnose »Krebs« ist der Schuß vor den Bug, der den Patienten herausfordert, sein Schicksal vertrauensvoll in die Hände Gottes zu legen und seine ursprüngliche Gottesbeziehung wieder neu aufzunehmen: »Holst du mich, ist es gut. Soll ich noch hier bleiben, um Früchte zu erbringen, ist es auch gut.«

Aus diesem Urvertrauen fließen dem Patienten ungeahnte starke Heilskräfte zu. Gott wird nun zum heilenden Arzt. Ein Mensch, der sterbenskrank ist, kann durch diese Therapie wieder kerngesund werden.

Hildegard erinnert bereits in ihrem ersten visionären Buch *Scivias* daran, wie heilsam es ist, eine vertrauensvolle Gottesbeziehung aufzunehmen und so an die Heilkräfte zu gelangen, die aus Gott fließen:

»Manchmal berühre Ich auch den Menschen in seiner Seele und ermahne ihn, er möge anfangen, Gerechtigkeit zu wirken und das Böse zu meiden. Er aber verachtet Mich und glaubt, alles sei ihm möglich, was er nur wolle ... Dann ermahne Ich ihn ein zweites Mal zum Guten und fordere ihn auf, seinen Gelüsten zu widerstehen. Achtet er nicht auf Mich, so bringen ihn häufig Mißgeschicke, die er etwa an seinem Besitztum oder ähnlichem erleidet, dazu, daß er gewissermaßen unfreiwillig und im Widerspruch mit sich selbst das Gute tun muß. In der Verbitterung der Seele empfindet er dann keine Lust mehr, das zu vollbringen, was er sich in den Tagen des Glücks vorgenommen hatte. Denn als es ihm gutging, schien es ihm unmöglich, daß irgend etwas sich seinen Plänen entgegenstellen könnte ... Ein solcher Mensch nimmt Mich nicht entschlossen auf. Und doch verlasse Ich ihn nicht! Denn obgleich er sich Mir nur zögernd öffnet, verschmäht er Mich doch nicht ganz. Also ist

Meine Arbeit in ihm nicht vergebens. Mir ist es nicht zum Ekel, Wunden zu berühren, die mit Geschwüren bedeckt und ringsum von den Würmern zahlloser Laster angefressen sind oder aus denen der üble Geruch der Schande und des schlechten Rufes entgegenweht ... Ich schaue nicht an ihm vorbei, sondern suche sie sanft zu schließen. Den Anfang mache Ich damit, daß Ich das zehrende Gift der Bosheit herausziehe, indem Ich in diese Wunden hineinschaue und sie mit der linden Wärme berühre, die aus dem Hauch des Heiligen Geistes weht. Aber oft läßt man ein solches Übel in einer lange weiterfressenden Entzündung alt werden. Dann fängt die Sünde an, heftig in der Seele des Menschen zu brennen. Es entstehen Sündenwunden, deren Unreinheit infolge des Unrats der Würmer und des sich entzündenden Schmutzes in Beulen und Geschwüren zusammenfließt. Dann werden sie hart wie Stein, so hart, daß niemand daran denkt, ihre Härte zu brechen ... Ich aber verlasse diesen Menschen nicht, sondern stehe mit Meiner Hilfe und Streitkraft für ihn im Kampfe ein. Anfangs werde Ich nur sachte die steinerne Härte seiner Sünden berühren, denn sie zu brechen ist schwer in dem so furchtbaren Geruch der schrecklichen Frevel, die die Ursache so großer Unreinheit und Nichtswürdigkeit sind.« (*Scivias*, III. Buch, 8. Schau)

Heilkräfte aus dem kosmischen Bereich

Der Mensch ist schicksalhaft mit dem Universum verbunden und steht mit diesen Kräften Tag und Nacht untrennbar im Zusammenhang:

»Alles nämlich, was in der Ordnung Gottes steht, antwortet einander. Die Sterne funkeln vom Licht des Mondes, und der

Mond leuchtet vom Licht der Sonne. Jedes Ding dient einem Höheren, und nichts überschreitet sein Maß. Du aber nimmst weder auf Gott Rücksicht noch auf Seine Geschöpfe.«
Der Tumor zeigt in erschreckender Weise, wie selbstzerstörerisch sich der Mensch aus dieser kosmischen Ordnung entfernt hat. Daher wird auch die Diagnose »Krebs« von vielen wie ein Todesurteil empfunden. Der Mensch fühlt, daß er ins Nichts abstürzt.
Hildegard sieht in ihren Visionen leuchtend goldene Sterne, die aus silbernem himmlischem Grund auf die Erde fallen und in der Erdatmosphäre verlöschen. Sie symbolisieren Luzifer, den großen, starken Lichtengel, der in seiner Gottvergessenheit nach der Alleinherrschaft im Himmel trachtete. Er wurde von dem Erzengel Michael in einem fürchterlichen Kampf aus dem Himmel vertrieben. Bei diesem Engelsturz ging die Lebensenergie aber nicht verloren, sondern wurde dem Menschen als himmlische, leuchtende Lebensenergie gegeben, um damit ein neues Leben zu gestalten. Diese Energietransformation zeigt, daß man Leben nicht vernichten kann, sondern daß das Leben nur ein Übergangszustand ist: von der Krankheit in einen heilen Zustand, entweder hier oder auf einer höheren Ebene, die über den Tod hinausgeht.
Es ist ein großer Irrtum, den Tumor als lokales Geschehen zu betrachten, den man mit Operationen, Chemotherapie und Bestrahlung ausrotten kann. Jede Körperzelle behält bis zu ihrem Lebensende die Fähigkeit, jederzeit wieder krebsartig zu entarten, wenn man nicht die Umstände ausschaltet, die zu der ersten Krebskatastrophe geführt haben. Dazu gehört vor allen Dingen ein ganzheitliches Denken, ein Zusammengehörigkeitsgefühl mit seiner Umgebung und den kosmischen Möglichkeiten, die im Menschen als

vier Elemente verborgen sind: »O Mensch: siehe den Menschen an! Der Mensch hat nämlich Himmel und Erde und alles, was geschaffen ist, in sich in einer Gestalt vereinigt, und alles liegt in ihm verborgen.«

Zahlreiche Stellen in Hildegards Werken belegen die zentrale Stellung des Menschen im Kosmos und die Kräfte, die seine Gesundheit erhalten. Dazu gehören die vier Lebenselemente: natürliche Energie, frische Luft, reines Wasser und saubere Erde: »Auch die Elemente der Welt hat Gott geschaffen. Sie sind im Menschen, und der Mensch wirkt in ihnen. Es sind dies das Feuer, die Luft, das Wasser und die Erde, und diese vier Elemente sind untrennbar so eng miteinander verknüpft und verbunden, daß keines vom anderen getrennt werden kann. Und sie halten sich gegenseitig fest, so daß sie das Firmament genannt werden.«

Die Elemente sind bei Hildegard der Schlüssel für das Verständnis der gesamten Heilkunde. Prinzipiell steht die Vier für die vier Bausteine des Kosmos, aber auch für die Funktion und den Bau des Menschen: für die Lehre von den vier Säften und die daraus abgeleiteten vier Temperamente und ihre charakteristischen vier Frauen- und Männertypen. Die vier Elemente entscheiden über den Säftehaushalt des Menschen, über Gesundheit und Krankheit. Keiner existiert ohne dieses kosmische Prinzip. Alles wirkt zusammen in dieser Ordnung, im Gleichgewicht und in der Harmonie, und so wird der Mensch gesund und bleibt am Leben:

»Ebenso erhalten die Elemente im Menschen die Gesundheit, wenn sie in ihm ordentlich wirken. Sobald sie aber von dieser Ordnung abgehen, machen sie ihn krank und töten ihn. Solange die Gerinnung der Säfte, die im Menschen von der Wärme, Feuchtigkeit, vom Blut und vom Fleisch abhängig ist, in Ruhe und im richtigen Verhalten wirkt, hat der Mensch seine Gesundheit. Sobald sie aber alle auf einmal unvorsichtig und im Übermaß über ihn herfallen, machen sie ihn krank und töten ihn.«

Die Säftelehre und die vier Bestandteile des Blutes

Aus den vier unterschiedlichen Elementen entstehen vier Arten von Säften *(phlegmata),* aus denen Hildegard eine Humoralpathologie – ganz anders als die Säftelehre des Hippokrates – entwickelt. Sie spielt für das Verständnis der Tumorerkrankung eine große Rolle:

1. Trockene Säfte aus dem roten Feuer: Erythrozyten
2. Feuchte Säfte aus der Luftfeuchte: das Blutserum
3. Schaumige Säfte aus dem wäßrigen Blut: Thrombozyten
4. Lauwarme Säfte aus den erdhaften Knochen: Leukozyten

In der Mischung dieser vier Säfte sieht Hildegard die Entstehung der Krebskrankheit: »Wenn das Trockene oder das Lauwarme, die jetzt den Schleim *(livor)* des Feuchten und Schaumigen bilden, ihr Maß überschritten haben, so erzeugen sie im Menschen geräuschvolles Aufstoßen und Schluckauf. So kann auch im Menschen der Krebs entstehen und bewirken, daß ihn die Würmer *(vermes* = Viren) verzehren. Außerdem lassen sie diese Körperzellen zu unförmigen Geschwüren anschwellen, so daß durch die wachsende Geschwulst eines seiner Arme oder Beine größer wird als das andere. Das tun sie so lange, bis sie von dieser Epidemie *(pestes)* abgelassen haben. Daher kann der Krebskranke nicht lange leben.«
Es gehört zur Heilkunst der Hildegard-Medizin, die Säfte zum Beispiel durch den Aderlaß so zu reinigen, daß die

Krebsursache aus dem Körperinneren verschwindet. Der hildegardische Aderlaß ist eine der besten Möglichkeiten, vor Krebs zu schützen und nach einer Operation dafür zu sorgen, daß er vollständig beseitigt wird.

Heilkräfte aus dem seelischen Bereich

Ein Tumorpatient leidet an nichts so sehr wie an einer chronischen Hoffnungslosigkeit. Der Mangel an seelischen Heilkräften ist nach Hildegard von Bingen der Grund von Verzweiflung und Mutlosigkeit während der Krankheit.
Der Tumor ist das sichtbare Symbol dieser Konfliktsituation. Sei es

- der Brocken, den der Krebspatient nicht verdauen konnte (Magen-Darm-Krebs)
- der Schiffbruch, den der Patient erlitten hat und mit dem er nicht fertig wird (Leberkrebs, Bauchspeicheldrüsenkrebs)
- der Tag, an dem die Liebe verlorengegangen ist durch Tod, Scheidung oder Ehebruch (Brustkrebs, Prostatakrebs)

Vielfach ist der Krebs auch nur ein Ausweg aus einer verfahrenen Situation, aus einem Leben, das zur Hölle geworden ist. Der Krebs erscheint als verzweifelte Lösung, diesem Zustand durch Flucht ein Ende zu bereiten. Doch hinter jeder Schwäche stecken genauso viele Heilkräfte, um aus diesem Konflikt wieder herauszukommen. Hildegard beschreibt in ihrer Psychotherapie 35 seelische Risikofaktoren, mit denen 35 seelische Heilkräfte verbunden sind, um Schwächezustände zu überwinden.

Als allerstärkste Heilkraft empfiehlt Hildegard die *Sanctitas* – die Kraft zum Heilwerden, zur Heilung und zur Heiligkeit. Sie entsteht im Dialog mit der *Oblivio*, der Gott- und Naturvergessenheit, der Gottesferne und der Gottesnähe.
Menschen, die im Dienst für Gott lahm geworden sind, kennen ihren Gott nicht mehr und fallen in die *Oblivio*. So radikal wie wir hat sich noch nie eine Gesellschaft von Gott zurückgezogen – in der irrigen Annahme, das Leben allein meistern zu können. Hildegard von Bingen sah vor rund 850 Jahren eine Zeit des tiefen Vergessens voraus, in der die Menschen auf allen Gebieten ihrer Kultur Schiffbruch erleiden, in Politik, Kunst, Theologie und auch in der Medizin: »Warum sollte ich nicht ein Leben nach eigenem Willen durchsetzen, da Gott von mir sowieso nichts wissen will und ich nichts von ihm weiß?«
Die *Oblivio* dreht den Spieß einfach um: »Ich will nur nach meinen eigenen Vorstellungen glücklich werden und kenne auch keinen anderen Gott oder Schulmeister. Wenn es wirklich einen Gott geben sollte, so steht fest, daß Er nichts von mir weiß.«
Die *Sanctitas* antwortet der *Oblivio:* »Was redest du da in deiner maßlosen Gottesvergessenheit? Wer hat dich denn geschaffen, und wer hat dich lebendig gemacht? Nur Gott allein! Warum begreifst du nicht, daß Gott dein Schöpfer ist und du dich nicht allein geschaffen hast! Ich rufe zu Gott und bitte Ihn um alles, was zum Leben gehört ... Nur Gott schenkte dem Menschen Speise, Kleidung und alles Notwendige zum Leben. Die Menschen sehen zwar, wie alles wächst, wissen aber nicht, wie das geschieht. Nur wenige wissen, daß sie aus Gott leben. Ich will den Gürtel der Bescheidenheit anlegen und in der heiligen Blütenpracht der

Glückseligkeit verweilen. Denn ich bin unter dem Banner des Reiches Gottes ein Fürst, ein Führer in der Schlachtenreihe des Königs, mit der Gott Seine Werke ausführt.«
Die Therapie gegen diese geistige Umnachtung heißt Einsamkeit und Fasten: »Die Menschen, die Gott in die Vergessenheit gedrängt haben und die die Geister loswerden wollen, die sie in diese Gottvergessenheit getrieben haben, sollen, damit sie ihr eigenes Herz spüren, Gott lieben und Ihn und Seine Schöpfung verehren. Wenn sie die erwähnten Strafen wie Krankheiten meiden wollen, sollen sie sich für einige Zeit in die Einsamkeit zurückziehen. Ganz nach der Führung ihres Fastenmeisters sollen sie fasten, einfache, rauhe Kleidung tragen und sich körperlich abhärten.«
Je mehr wir von diesem göttlichen Heilungsprinzip Gebrauch machen, desto stärker entfalten sich auch jene seelischen Heilkräfte, die unsere begrenzten menschlichen Möglichkeiten übersteigen und in uns ungeahnte Kräfte auslösen. Diese Heilung schließt den Tod nicht aus, sondern sieht in ihm ein lebensnotwendiges Prinzip, um von unserem gescheiterten Leben umzukehren und ein neues Leben, sei es hier oder in der Ewigkeit, anzufangen. Nur das Böse will nicht vom Alten lassen und hält am bisherigen Leben fest.
Der Tod ist somit kein endgültiges Aus, sondern ein Übergang in ein neues Leben. Das Leben stirbt nicht, schreibt Hildegard, sondern wird gewandelt *(vita mutatur non tollitur)*. Auch der Tod kann als letzter befreiender Akt in der Krebskrankheit begrüßt werden, als Geburtsakt für ein ewiges Leben. Auch Jesus hat sich zuerst um die Seele gekümmert, bevor er den Leib geheilt hat. Die Seelentherapie der Hildegard ist daher die Voraussetzung für jeden Hei-

lungsschritt. Die Hildegard-Heilkunde eröffnet therapeutische Möglichkeiten, die bisher kaum oder gar nicht genutzt worden sind, zumal der Tod als Befreiungsakt so gar nicht in die Werteskala unserer modernen Industriegesellschaft paßt, die auf Leistung, Jugendlichkeit und Fitneß aufgebaut ist.

Die Krebstherapie der Hildegard-Heilkunde

Das Überlebensprogramm für einen Neuanfang nach der Diagnose »Krebs«

Krebs spiegelt im Kleinen wider, was im Großen geschieht: unkontrolliertes Wachstum einer aus Rand und Band geratenen Gesellschaft, die imstande ist, sich selbst und die Schöpfung zu zerstören. Krebs ist nur das exakte mikrokosmische Spiegelbild dieses makrokosmischen Zustands, in dem wir uns heute alle befinden. Brauchen wir den Tumor als Schocktherapie, um wieder in die göttliche Schöpfungsordnung hineinzukommen, um uns zu retten? An dieser Stelle entzündet sich die Frage nach Gott, dem Leben und dem Ursprung, der göttlichen Lebenskraft. Wo die Frage nach Gott nicht gestellt wird, begehen wir inneren Selbstmord, weil alles sinnlos wird, auch das Überleben.

Hildegard von Bingen hat immer wieder auf die Tatsache hingewiesen, daß alles Leben in Gott seinen Ursprung hat, und daß diese Kraft im Kosmos durch die göttlichen Naturgesetze am Wirken ist. Hildegard wurden aufgrund ihrer visionären Vorgehensweise durch Hinschauen und Zuhören die Zusammenhänge dieser kosmischen Intelligenz zugänglich, die sie in ihrem Schöpfungsgesang zusammenfaßte:

> »Ich bin das feurige Leben *(Ego summa et ignea vis)*.
> Ich bin die stärkste und feurigste Lebenskraft. Alles Leben habe ich entzündet und nichts Totes geht von mir aus.

Den ganzen Erdkreis umfliege ich mit meinen oberen Flügeln.
Ich habe alles in Weisheit geordnet.
Ich bin das feurige Leben, die göttliche Substanz.
Ich brenne über der Schönheit von Fluren und Auen.
Ich glitzere über den Gewässern und brenne in Sonne, Mond und Sternen.
Mit jedem Atemzug, wie mit unsichtbarem Leben, wecke ich alles Leben.
Die Luft lebt im Grünen und Blühen. Lebendig fließen die Gewässer.
Lebendig ist der Sonnenstrahl. Der Mond wird nach seinem Abnehmen wieder von der Sonne beleuchtet, damit er wieder lebendig wird.
Auch die Sterne funkeln, als ob sie lebten. Ich habe die Säulen gebaut, auf denen der Erdkreis ruht.
Ich bin in den Kräften des Windes.
Luftschlagende Flügel halten die Wirbelstürme ab, damit sie nicht zu gefährlich werden. So schützt auch der Körper die Seele, damit sie nicht verströme.
So stärkt auch der Seelenhauch den Körper, damit er nicht abstirbt. Ich bin die feurige Lebenskraft im Leben verborgen. [...]
Alles brennt aus mir. So wie der Atem den Menschen bewegt, bewege ich die windbewegte Flamme im Feuer.
Alles lebt in seiner Existenz aus meiner Kraft, und in mir ist kein Tod; denn ich bin das Leben.
Ich bin auch die brennende Vernunft, aus der der Hauch des Wortes kommt.
Die ganze Schöpfung ist aus mir entstanden.

Allem hauche ich Leben ein, das in seiner Art unsterblich wird.
Denn ich bin das unteilbare, heile Leben. Nicht in Stein gehauen, nicht aus Zweigen erblüht, nicht aus der Manneskraft hervorgegangen.
Alles Leben hat vielmehr seine Wurzeln in mir.«
(Liber Divinorum Operum)

Die sechs goldenen Lebensregeln

Gesundheit ist nach Hildegard von Bingen kein Zufall, sondern ein dynamischer Prozeß, den jeder von innen und außen durch eine vernünftige Lebensweise und durch eine gute Ernährung täglich beeinflussen kann und für den er selbst verantwortlich ist. So kann jeder seine Gesundheit erhalten, wiederherstellen, aber auch zerstören und die Heilungskräfte blockieren.
Hinter der Hildegard-Heilkunde steht ein Programm von sechs goldenen Lebensregeln, mit dem sich die Heilungsvorgänge beeinflussen lassen. Nach Hildegard ist zwar jede Krankheit heilbar, aber nicht jeder Patient. Der Patient soll selbst mit allen ihm verbliebenen Möglichkeiten dafür sorgen, sich wieder in Einklang mit dem ursprünglichen göttlichen Schöpfungsplan für sein Leben zu bringen. So schreibt Hildegard in ihrem Lehrbuch:
»Die nachfolgend angegebenen Arzneimittel für die bisher angesprochenen Krankheiten sind von Gott gewiesen und werden den Menschen entweder gesund machen, oder aber er muß sterben, oder Gott will nicht, daß er von seiner Krankheit befreit werde (wenn der Mensch nicht dazu bereit ist).«

Für die Tumortherapie ergeben sich nach den sechs goldenen Lebensregeln folgende Wege:

1. Heilmittel aus der Schöpfung: »Das ganze Universum hat nur ein Ziel, die Gesundheit des Menschen zu erhalten. In allen Geschöpfen – den Tieren, den Vögeln, den Fischen, den Heilkräutern und den Bäumen – sind geheimnisvolle Heilkräfte verborgen, die kein Mensch wissen kann, wenn sie einem nicht von Gott selber offenbart werden.«
2. Heilkräfte in den Lebensmitteln.
3. Ein ausgewogenes Verhältnis von Arbeit und Entspannung.
4. Ein ausgewogenes Verhältnis von Schlafen und Wachen.
5. Reinigung des Körpers von Umweltgiften, Schlackenstoffen und schlechten Säften (Virustoxine) mit Hilfe von Aderlaß, Schröpfen, Moxibustion und Physiotherapie.
6. Reinigung der Seele von negativen Gefühlen, Problemen, Konflikten durch Wahrnehmung seelischer Heilkräfte im Hildegard-Fasten.

Die Beseitigung von Krankheitsherden

Das Haupteinsatzgebiet der Hildegard-Heilkunde ist das Stadium der Präkanzerose (Vorkrebs), um den Ausbruch der Krankheit zu verhüten. Die Hildegard-Heilkunde ist aber auch eine Begleittherapie während der schulmedizinischen Behandlung des Krebses und dient in der Zeit der Rehabilitation der Rückfallvorbeugung (Tumorrezidivprophylaxe).
Die Verhütung der Krebskrankheit beginnt mit der frühzeitigen Behandlung im Vorkrebsstadium, der Präkanzerose, die Hildegard als Vichtkrankheit bezeichnet. Dazu gehören:

- Erkennung der Frühwarnsignale
- Beseitigung von Entzündungsherden und die Säftereinigung durch den hildegardischen Aderlaß
- Immunstimulation durch das Wasserlinsenelixier
- Umstellung auf eine Ernährung mit Dinkel, Obst und Gemüse

Der Krebs entsteht nach Hildegard in der Zeit der Präkanzerose durch tumorauslösende Viren (Onkogene), die sich in chronischen Entzündungsherden bilden. In ihnen kommt es vermehrt zur Zellteilung. Die Präkanzerose-Herde können im ganzen Körper auftreten. Sie entstehen aus einem Gemisch schlechter Säfte von Gift- und Fäulnisstoffen (Eiweißtoxinen) der fünf Organe Herz, Lunge, Leber, Magen und Eingeweide sowie aus Gallensäure. Die Herde können sich im Bindegewebe zwischen Haut und Muskelgewebe bilden. Von hier aus senden sie schubartig Eiweißtoxine durch den ganzen Körper, was sich durch folgende Symptome bemerkbar macht:

- Herzschmerzen, Herzschwäche, Herzbeschwerden ohne einen organischen Befund
- Magen-Darm-Beschwerden (Blähungen, Aufstoßen, Schluckauf, Sodbrennen, Zwicken im Bauch)
- Rheumatoide Schmerzen, ständige Erkältungsanfälligkeit, hin- und herziehende Schmerzen im ganzen Körper (kolikartige Schmerzen)

Verstärkt wird die Präkanzerose durch eine ständige Angst vor Krebs (Angst unterdrückt die Abwehrkräfte) sowie durch eine Vorbelastung bei Patienten, die aus einer »Krebsfamilie« kommen. Sind alle Frühwarnsignale vorhanden, befindet sich der Patient mit großer Sicherheit auf

dem Weg in die Krebskrankheit. Werden die Frühwarnsignale ignoriert, kann es nach dem bereits beschriebenen Krebssprung zur tödlichen Krebskrankheit kommen.
Wie Hildegard schreibt, ist die Beseitigung der Entzündungsherde von entscheidender Bedeutung, da sich aus diesen Brutstätten explosionsartig Viren bilden, die dann durch den Krebssprung in die Zellen geraten und hier das Erbgut zerstören. Die uralte Vorstellung von krebserregenden Würmern *(vermes)* und Läusen *(pediculi),* wie Hildegard sie nennt, findet heute eine Bestätigung durch die allerneuesten biochemischen Forschungen über krebsauslösende Viren, die zu einem Drittel für die Krebsentstehung verantwortlich sein sollen. Da die Virusvermehrung rasant zunimmt, muß der Präkanzerose die größte Aufmerksamkeit gewidmet werden.
Die Behandlung der Präkanzerose beginnt mit einer konsequenten Entfernung aller chronischen Entzündungs- und Infektionsherde. Dazu gehören:

- Zahnherde
- chronische Mandelentzündung
- chronische Sinusitis (Nasennebenhöhlen-Entzündung)
- chronische Magen-Darm-Entzündungen (Gastritis, Kolitis)
- chronische Gallenblasen-, Nierenbecken- und Blasen-Entzündungen

Neben den gezielten Organheilmitteln aus der Hildegard-Therapie hilft in all diesen Fällen oft ein kunstgerecht ausgeführter Aderlaß. Er verbessert nicht nur den Gesamtstoffwechsel, sondern entfernt die schlechten Säfte der Entzündungsherde und Virustoxine, insbesondere der Schwarzgalle und der schlechten, krank machenden Säfte *(noxi, mali, infirmi humores).* Der Aderlaß ist bei chronischen Krankheiten in Tausenden von Fällen das entscheidende Umstimmungsmittel. Von ganz besonderer Bedeutung ist dabei nicht nur die Blutreinigung, sondern die Freisetzung körpereigener Heilmittel, Hormone und Immunglobuline sowie die Stimulierung der körpereigenen Abwehrkräfte.

Die Krebsabwehr durch das körpereigene Immunsystem

Neben der Abwehr von Krebszellen im Zellkern verfügt der Körper noch über ein sehr intelligentes Krebsabwehrsystem durch die körpereigenen Abwehrkräfte. Das Immunsystem mit seinen Milliarden von Abwehrzellen hat seinen Sitz im Knochenmark, in der Thymusdrüse, der Milz, den Lymphgefäßen und den Lymphknoten. Mit dem Gesamtgewicht von 1,5 kg wiegen die 8 Milliarden Immunzellen so viel wie die Leber eines 15jährigen Menschen. Sie besitzen 10^{20} Möglichkeiten, Fremdstoffe – sogenannte Antigene – zu binden und zu vernichten, von denen täglich 10 Prozent neu ausgewechselt werden. Ein enormer Eiweißstoffwechsel ist dafür erforderlich.
Das Immunsystem wird ganz entscheidend von der Funktion der fünf Organe Herz, Leber, Lunge, Magen und Darm beeinflußt und kann nicht isoliert betrachtet werden. Es hat sich gezeigt, daß das Immunsystem nicht nur vor Feinden von außen (Bakterien, Viren, Toxine, Pilze, Allergene), sondern auch vor körpereigenen Tumorzellen schützt. Das Immunsystem bemerkt jede krankhafte Veränderung seiner Umgebung, und es unterscheidet nicht zwischen innen und außen.

Mit Hilfe des Abwehrsystems orientieren wir uns im Mikrokosmos unseres Körpers und im Makrokosmos unserer Umwelt. Durch eine hektische Lebensweise und durch falsche Ernährung, durch die ständige Überforderung durch Umweltgifte und Streß sowie durch immer mehr Virusinfektionen treiben wir Raubbau an unserem Abwehrsystem. Hier liegt der Grund für die katastrophale Zunahme der Tumorkrankheiten, die das überstrapazierte Immunsystem nicht mehr unter Kontrolle halten kann.

Die Schulmedizin gerät immer mehr in die Sackgasse, weil sie durch die Behandlung der Krankheiten mit chemischen Arzneimitteln, mit Chemotherapie und Bestrahlung das bereits geschädigte Immunsystem noch mehr schwächt.

Im Gegensatz dazu hat die Naturheilkunde traditionell durch den Einsatz ganzheitlicher Methoden immer den erfolgversprechenderen Weg eingeschlagen und das Immunsystem gestärkt und unterstützt, zum Beispiel durch die Anwendung der sechs goldenen Lebensregeln.

Die Wirksamkeit der naturheilkundlichen Methoden wurde in unserer Zeit durch wissenschaftliche Experimente immer wieder bestätigt. Traditionelle Arzneipflanzen zeigen im wissenschaftlichen Experiment eine stimulierende Wirkung auf die Aktivität der Freßzellen und die Bildung von tumorfeindlichen Eiweißstoffen des Abwehrsystems. Diese Experimente bestätigen den Einsatz von pflanzlichen Immunstimulanzien im Rahmen einer natürlichen Tumorabwehr. Umstimmungsmittel müssen möglichst früh, am besten prophylaktisch, kurmäßig über längere Zeit eingenommen werden. Das gilt auch für alle Elixiere aus der Hildegard-Medizin.

Darmsanierung und Abwehrsystem

Da das Abwehrsystem zu 80 Prozent im Darm angesiedelt ist, entscheiden die Darmflora und eine vernünftige Ernährung zu einem bedeutenden Teil über Krankheit und Gesundheit. Das hatte bereits Paracelsus erkannt, als er den Satz prägte: »Der Tod sitzt im Darm.« Wird das harmonische Gleichgewicht aus Psyche, Abwehrsystem und Darmflora gestört, können schwere gesundheitliche Störungen auftreten.

Der Darm ist die Zielscheibe starker seelischer Reaktionen. Hildegard beschreibt 35 Laster oder seelische Risikofaktoren, die auf Magen und Darm schlagen können. Zorn, Ärger und Frustration können die »Wut im Bauch« auslösen, die imstande ist, die gesunde Darmflora zu zerstören. Nach Hildegard haben wir immer zwei Pole in uns: Geduld und Wut, Liebe und Neid, Freude und Traurigkeit, Kraft und Schwäche. Oft aber sind wir auf einen Pol fixiert, zum Beispiel auf die Wut, die schließlich im Körper als »Selbstaggression« hängenbleibt. Die Wut kann sich beispielsweise als Hefepilzinfektion materialisieren.

Hinter der Wut steckt aber auch eine Heilkraft (die Geduld), die befreien und heilen kann. Die Wut kann die Kraft geben, sich von einer Verletzung zu distanzieren und endlich loszulassen, um frei und heil zu werden.

Nach Hildegard gilt es, die Körpersprache zu verstehen und dahinter den auslösenden Risikofaktor zu sehen.

Bei einem gesunden Menschen leben die Milliarden von natürlichen Darmbakterien in Harmonie (Symbiose) mit dem körpereigenen Abwehrsystem im Darm. Bei einem gesunden Menschen haben daher Hefepilze keine Chance, da sie vom Immunsystem immer wieder vernichtet werden.

Jede Pilzinfektion gibt hingegen Hinweise auf eine geschwächte Abwehr und eine zerstörte Darmflora. Die hemmungslose Verwendung von Arzneimitteln, Hormonpräparaten und chemischen Giften hat in vielen Fällen zu schwerwiegenden Pilzinfektionen geführt, durch die entweder die natürliche Darmflora zerstört oder das natürliche Abwehrsystem geschwächt wurde. Fachleute schätzen, daß etwa 75 Prozent der Bevölkerung unter einer Pilzinfektion leiden. Arzneimittel und Stoffe, die die Darmflora schädigen oder das Abwehrsystem zerstören, sind Antibiotika, Mykotika, Cortison, Chemotherapie, Antibabypille, Konservierungsmittel wie Acetylsalicylsäure (ASS), Sorbinsäure oder Parahydroxybenzoesäure (Parabene), Quecksilber aus Amalgamfüllungen und Palladium aus Goldfüllungen.

Bereits vor 850 Jahren beschrieb Hildegard von Bingen die Ursachen und die Folgen der Darmpilzinfektion durch falsche Ernährung, vor allem durch Rohkost:

»Wenn die Menschen zuweilen übermäßig viele Speisen gegessen haben, die entweder zu roh oder ungekocht oder halb gar und insbesondere außergewöhnlich fett und schwer, aber auch saftlos und trocken waren, dann können manchmal das Herz, die Leber und die Lunge und die anderen Wärmespeicher, die im Menschen sind, dem Magen nicht mit so viel und so starker Wärme beispringen, als wenn diese Speisen gar gekocht werden. Daher gerinnen sie im Magen, verhärten sich und werden schimmelig, so daß sie den Magen bisweilen etwas grün oder blaugrün oder auch bleifarbig machen oder mit viel Schleim belasten, so daß die schlechten Säfte die schädlichen, übelriechenden Darmgase wie ein faulender Düngerhaufen durch den ganzen Körper aussenden.«

Die Roh- und Frischköstler übersehen, daß erst durch das Kochen und Backen die Lebensmittel verdaulich und die Wertstoffe genießbar werden. Hildegard schreibt im gleichen Zusammenhang, daß der Kochvorgang auch durch die Entgiftung der Speisen durch Weinessig, Salz, Knoblauch oder Dill in der sogenannten Salatbeize ersetzt werden kann.

Nach Hildegard gibt es nur ganz wenige Lebensmittel, die auch im rohen Zustand hundertprozentig gesund sind und nicht gekocht werden müssen. Dazu gehören die Edelkastanie, der Fenchel und die Quitte. Alle anderen Lebensmittel sind mit Toxinen oder Antinährstoffen oder groben Ballaststoffen belastet, die den Darm stark schädigen. Die meisten Kolitis- und Multiple-Sklerose-Patienten waren vor Ausbruch ihrer Erkrankung Rohköstler gewesen und haben angeblich »so gesund« gelebt.

Die Roh- und Frischkost führt in Wirklichkeit zu katastrophalen Folgen für die Verdauung, die in Fäulnis übergeht, weil der menschliche Darm keine zellulosespaltenden Enzyme hat. Die angeblich so vitamin- und mineralstoffreiche Frisch- und Rohkost kann nicht verwertet werden. Sie gelangt schließlich in den Dickdarm, wo sie von Fäulnisbakterien verstoffwechselt wird. Hierbei produzieren die Fäulniserreger die von Hildegard beschriebenen Gasmengen, wobei Ammoniak und Schwefelwasserstoff entstehen, die die Leber und ihren Stoffwechsel vergiften. Die normale Darmflora wird von Fäulniserregern verdrängt. Darmpilze nehmen überhand. Die Vollwertnahrung sollte stets durch Kochen oder Dünsten darmfreundlich aufbereitet werden.

Die natürliche Darmflora ist von großer Bedeutung für ein intaktes Immunsystem. Das darmassoziierte Immunsystem (GALT = Gut Associated Lymphoid Tissue) als größtes

Abwehrorgan hat seinen Hauptsitz im zweiten Abschnitt des Dünndarms. Dieser Abschnitt wird auch als »Immunorgan« bezeichnet. In ihm werden die Abwehrzellen (Erkennungszellen, Killerzellen, Freßzellen, Helferzellen) gebildet, die nicht nur krank machende Erreger, sondern auch Krebszellen beseitigen können. Die natürliche Darmflora hat einen positiven, stimulierenden Einfluß auf das Immunsystem.

Therapieplan zur Darmsanierung nach Hildegard von Bingen

Die hildegardische Darmsanierung hat heute das Ziel, den Menschen angesichts steigender Umweltbelastungen widerstandsfähig zu machen und Tumorkrankheiten frühzeitig zu erkennen und sie zu verhüten. Bei einer geschwächten Abwehrkraft, die den Zustand der von Hildegard beschriebenen Präkanzerose kennzeichnet, ist eine Anfälligkeit für chronische Müdigkeit und Schwäche, Krebs, AIDS und viele andere Virusinfektionen zu erwarten. Die Darmsanierung umfaßt folgende Maßnahmen:

- Analyse der gesamten Darmflora (Dünn- und Dickdarm), Suche nach Hefen (Candida) und Schimmelpilzen (Aspergillen).
- Sanfte Darmreinigung mit der Bärwurz-Birnen-Honig-Kur und Wiederherstellung der stabilen gesunden Darmflora mit physiologischen Darmbakterien.
- Anwendung der sechs goldenen Lebensregeln nach Hildegard von Bingen.

Bärwurz-Birnen-Honig-Kur

Indikation: Präkanzerose, gestörte Darmflora.

Bärwurz oder Bärenfenchel *(Meum athamanticum)* aus der Familie der Doldenblütler wächst auf steinig-lockeren Bergwiesen, vor allem über kristallinem Gestein. Verwendet wird der Bärwurz wie der Enzian vorwiegend zur Herstellung von Schnaps. Der Bärwurz ist auch Bestandteil eines der in Deutschland meistverkauften Magenbitter. In der Volksmedizin fand der Bärwurz als Mittel gegen Katarrh, Blasenleiden und Herzschwäche sowie als appetitanregendes Tonikum Verwendung.

Bei Hildegard steht über den Bärwurz: »Der Bärwurz ist warm und von trockener Grünkraft *(Viriditas)*. Ein Mensch, der starke und brennende Fieber hat (Scharlach, Masern, Röteln, Tuberkulose, Ruhr, Typhus), soll Bärwurz pulvern und dieses Pulver mit Brot essen, und zwar auf leeren Magen und nach dem Essen, und es wird ihm bessergehen. Wer Gicht hat, esse dieses Pulver oft (dreimal täglich ein bis drei Messerspitzen), und die Gicht wird in ihm weichen. Wer Gelbsucht hat, zerkleinere die noch frische Wurzel in Essig und würze damit eine (Dinkelgrieß-)Suppe und esse sie oft (täglich ein- bis dreimal), und er wird geheilt ...«

In der Kombination mit Birnen und Honig wirkt Bärwurz noch universeller als die bewährte hildegardische Goldkur! »Das ist das köstlichste Latwerge (Mus) und wertvoller als Gold und nützlicher als das reinste Gold, weil es die Migräne vertreibt und die Dämpfigkeit mindert, welche rohe Birnen in der Brust des Menschen verursachen, und alle schlechten Säfte *(mali humori)* im Menschen vertreibt und den Menschen so reinigt, wie man einen Topf von seinem Schimmel *(de faece)* reinigt.«

Dieser Hinweis auf die Reinigung von Schimmel brachte

mich auf die Idee der Darmreinigung nach Hefe- und Schimmelpilzinfektionen des Darmes. In Zusammenarbeit mit Herrn Dr. Pohl vom Institut für Mikrobiologisch-Biochemische Analytik in Bad Saarow wurde eine erfolgreiche Kur zur Darmsanierung entwickelt, die sich in der Praxis bewährt hat.

◆ *Herstellung nach Hildegard:* »Nimm (8) Birnen, schneide sie auseinander, und wirf das Kerngehäuse weg. Dann koche sie ganz stark in Wasser, und zerstampfe sie zu Brei. Dann nimm Bärwurz, etwas weniger Galgant und Süßholz noch weniger als Galgant und Pfefferkraut noch weniger als Süßholz. Das mache zu Pulver, vermische diese Pulverarten, und schütte sie in mäßig erhitzten Honig (8 EL). Dann gib die warmen Birnen dazu, und rühre es kräftig zusammen (kochend). Dann fülle es in einen Becher ab. Davon iß täglich (morgens) nüchtern einen Teelöffel voll, nach dem Mittagessen 2 Löffel voll und zur Nacht im Bett 3 Löffel voll …«

◆ *Rezept: Bärwurz-Birnen-Honig*
100 g Bärwurz-Pulvermischung bestehend aus:
- 35 g Radix Mei (Bärwurz)
- 28 g Rhiz. Galangae (Galgantwurzel)
- 22 g Radix Liquiritiae (Süßholzwurzel)
- 15 g Herba Satureia (Bohnenkrautpulver)

mit 8 gekochten Birnen (Birnenwasser wegschütten!) und 8 Eßlöffel abgeschäumtem Honig zu einem Mus vermischen, in Gläser abfüllen und kühlstellen.

Anwendung: Man verwendet den Bärwurz-Birnen-Honig entweder als Brotaufstrich oder pur, indem man vier Wochen lang täglich je nach Lebensalter und Körpergewicht:

- morgens 1 Msp. bis 1 TL vor dem Frühstück
- mittags 2 Msp. bis 2 TL nach dem Essen
- abends 3 Msp. bis 3 TL vor dem Schlafengehen

konsumiert.

Besonders beeindruckend sind die Erfolge dieser Kur bei chronischen Entzündungen, Sinusitis, chronischen Mandelinfektionen, Gastritis, Kolitis, Morbus Crohn, rheumatoiden Beschwerden, Arthritis und Polyarthritis, die als Vorstufen der Krebskrankheit erkannt wurden. Durch die hildegardische Darmsanierung kommt »Ruhe in den Darm«, so daß die Entzündungen beseitigt werden können. Die Darmsanierung ist die Grundlage, um ein geschwächtes Immunsystem wieder zu stärken, und zwar mit einer ausgewogenen Lebensweise, einer gesunden Ernährung auf der Basis von Dinkel, Obst und Gemüse und unter Verzicht auf Nikotin, Alkohol, Umweltgifte und überflüssige Arzneimittel, die das körpereigene Immunsystem schwächen.

Brennesselhonig-Kur

Indikation: Darmparasiten, Würmer, Spülwürmer.

Werden bei der mikrobiologischen Untersuchung Parasiten gefunden, dann muß der Darm zunächst mit der Brennesselhonig-Kur entwurmt werden:

»Wenn ... im Menschen (Darm-)Würmer herangewachsen sind, dann nehme er eine gleiche Gewichtsmenge Brennesselsaft und Wollkrautsaft *(Succ. Herb. Verbasci)* und so viel Saft von den Blättern des Nußbaums, wie beide zusammen ausmachen, und ein wenig (Wein-)Essig und ganz viel Honig.

Das lasse in einem sauberen Topf (wallend) kochen, und hebe immer den aufsteigenden Schaum ab. Ist es gekocht, dann hebe es vom Feuer. Davon trinke an vierzehn Tagen ein wenig vor dem Essen, damit er nicht infolge seiner Stärke zu Schaden käme. Nach dem Essen mag er reichlicher davon trinken, weil die Speisen dann seiner Heftigkeit widerstehen. Die Würmer werden sterben ... Essig und Honig wird zugesetzt, daß es besser schmeckt ...« (PL 1169 A; CC 209,33 bis 210,14)

◆ *Rezept: Brennesselhonig*
10 ml Brennesselsaft
10 ml Königskerzensaft
20 ml Walnußblättersaft
(ersatzweise Urtinktur Walnuß: *Juglans regia*)
2 EL Weinessig
150 g Honig
1 l Wein
Alle Zutaten mischen und fünf Minuten aufkochen, abschäumen und in die Originalflasche zurückfüllen.
Anwendung: Zwei Wochen lang täglich einen Eßlöffel vor und ein Likörglas nach dem Essen einnehmen.

Wasserlinsenelixier
Indikation: Präkanzerose, Tumorrezidivprophylaxe, Säftereinigung, kolikartige Krämpfe.
Die Präkanzerose (Vichtkrankheit) ist eine Allgemeinkrankheit, die den ganzen Organismus betrifft. Als Universalheilmittel empfiehlt Hildegard den Einsatz des bewährten Wasserlinsenelixiers.
»Wen die Vichtkrankheit plagt, der nehme etwas Ingwer und ganz viel Zimt und pulvere das. Dann nehme er Salbei,

weniger als Ingwer, und Fenchel, mehr als Salbei, und Rainfarn, mehr als Salbei, und zerreibe es im Mörser zu Saft und seihe durch ein Tuch ab. Dann koche er Honig nicht zu stark in Wein und füge ein wenig weißen Pfeffer bei ... Hernach nehme er Wasserlinsen und zweimal so viel Blutwurz (Tormentill) und vom Ackersenf ebensoviel wie Tormentill und von dem kleinen Labkraut weniger als Wasserlinsen und zerreibe (das alles) im Mörser zu Saft und gebe es in ein Filtertuch und gieße den vorbeschriebenen Honigwein darüber und fertige daraus ein klares Filtrat. Wer an der genannten Krankheit leidet, der trinke nüchtern so viel, wie man mit einem Atemzug trinken kann, und ähnlich, wenn er sich abends zu Bett legt. Mache das oft, bis er geheilt ist.« (PL 1136 D; CC 209,4–22; 157,19ff.)

Das Wasserlinsenelixier beseitigt die kolikartigen Schmerzen, denn: »Die Kolik entsteht nämlich aus falsch-warmen und kalten Säften *(injuste calidos et injuste frigidos humores)* ... wenn der Mensch das Wasserlinsenelixier nüchtern und beim Schlafengehen einnimmt, verhindert er dadurch, daß sich die schlechten Säfte, die im Essen vorhanden sind, im nüchternen Zustand oder nach dem Essen erheben.«

Wasserlinsentrank:
Original nach Hildegard von Bingen

I. Pulvermischung
2,5 g Ingwerwurzelpulver
10 g Zimtrindenpulver
Beide Pulver vermischen.

II. Saftmischung
3 g Salbeiblätter (Salvia officinalis)
4 g Fenchel (Foeniculum vulgare)
2 g Rainfarnkraut (Tanacetum vulgaris) ohne Blüten, im Frühling gesammelt
Im Mixer zerkleinern, auspressen und filtrieren.

III. Honigwein
90 g abgeschäumter Honig mit 1 l Wein aufkochen
1,2 g Weißen Pfeffer (Piper album) hinzugeben.

IV. Zwischenmischung:
Pulvermischung von I. und Saftmischung von II. zum Honigwein (III.) hinzugeben und alles vermischen.

V. Breimischung
20 g Wasserlinsen (Lemna minor)
40 g Blutwurz (Tormentilla erecta)
40 g Ackersenf (Sinapsis arvensis)
15 g Labkraut (Galium aparine)
Alles in einem Mixer zu einem Brei zerkleinern, in einen Filterbeutel geben und mit der Zwischenmischung zu IV. extrahieren und daraus einen Klartrank filtern.

Die angegebenen Mengen entsprechen den originalen Angaben im lateinischen Hildegardtext!

Anwendung: Täglich ein Likörglas (40 ml) vor dem Frühstück und ein Likörglas vor dem Schlafengehen einnehmen.

Das Wasserlinsenelixier ist ein Universalheilmittel für die Präkanzerose. Es dient als Begleitmittel während der schulmedizinischen Standardtherapie und ist zur Rückfallvorbeugung nach einer Krebsoperation geeignet. Jeder gefährdete Patient sollte einmal jährlich eine Kur mit 6 Flaschen (3 Liter) Wasserlinsenelixier durchführen, einmal jährlich auch in der Zeit der Rehabilitation. Nach einer Krebsoperation sollte *ein Jahr lang* das Wasserlinsenelixier *täglich* eingenommen werden (siehe Liste der Fertigpräparate).

Patientenbericht

»Durch eine Routineuntersuchung im Frühjahr 1994 hat mein Hausarzt einen Polypen an der inneren Blasenwand festgestellt. Es folgte eine Überweisung zum Facharzt. Der Urologe bestätigte die Diagnose und wollte eine Blasenspiegelung vornehmen und gleichzeitig den Polypen entfernen. Dies lehnte ich ab und wurde im Juli bei Ihnen vorstellig. Da ich Ihre Anweisungen nicht hundertprozentig einhielt und das Einnehmen oftmals vergaß, wuchs der Polyp, und mein Hausarzt sprach nun (August 1994) von einem Tumor, und ich sollte mich unbedingt operieren lassen. Ich besuchte im August abermals Ihre Praxis und hielt dann Ihre Anweisungen und die Ernährung nach der hl. Hildegard genau ein. Der Erfolg ließ nicht lange auf sich warten. Bei einer Untersuchung im Oktober war der Polyp/Tumor bereits zurückgegangen. Im Dezember war er dann ganz weg. Bei einer Nachuntersuchung im März 1995 zeigte sich, daß sich kein weiterer Polyp mehr gebildet hatte.«

Schafgarbe schützt bei Krebsoperationen

Ein operabler Tumor sollte prinzipiell entfernt werden, obwohl jeder operative Eingriff beim Krebsgeschwulst auch die Gefahr der Metastasenbildung mit sich bringt. Ich empfehle deshalb meinen Patienten, eine Operation nur unter Schafgarbenschutz durchführen zu lassen: Bereits drei Tage vor der Operation täglich 3 Messerspitzen Schafgarbenpulver in warmem Petersilientrank, Schafgarben- oder Fencheltee einnehmen. Nach der Operation zehn Tage mit der Einnahme fortfahren. Durch den Schafgarbenschutz gibt es eine gute Wundheilung ohne Infektion. Die Wunden schließen sich nach der Krebsoperation glatt und schnell. Auch zum Schutz vor Strahlenschäden des gesunden Gewebes soll die Schafgarbenbehandlung angewendet werden.

Hildegard schreibt: »Wer im Körperinneren verwundet wird, sei es durch eine Wunde oder durch eine innere Verletzung, pulverisiere Schafgarbe und trinke es in warmem Wasser. Wenn es ihm bessergeht, trinke er das Pulver in warmem Wein, bis er geheilt ist.«

Das Schafgarbenkraut ist Hildegards bester Schutz vor Wundinfektionen und kann auch äußerlich angewendet werden: »Wenn ein Mensch durch Schlag verletzt wird, wäscht man die Wunde mit Wein, kocht Schafgarbe in Wasser, seiht das Wasser ab, legt die warme Schafgarbe auf ein Leinentuch und bindet sie (wie eine Kompresse) auf die Wunde. So nimmt die Schafgarbe der Wunde den Eiter und die Fäulnis, d. h. das Geschwür, und die Wunde heilt. Aber nachdem die Wunde zu heilen beginnt und sich zusammenzieht, soll man Schafgarbe ohne Tuch direkt auf die Wunde binden, und sie wird glatt und vollkommen geheilt.«

Anguillan

Überall da, wo Zellgifte (Zytostatika) verwendet werden, kommt auch eine Ganzheitstherapie mit Hildegards Krebsmittel Anguillan in Frage. Das Mittel hat keine Nebenwirkungen und ist als Urtinktur in Österreich (siehe Bezugsadressen) erhältlich.

»Wenn den Menschen die *pediculi* innen im Körper schädigen, weil sie ihn nicht verlassen, nehme er Aalgalle und dreimal weniger allerschärfsten (Wein-)Essig und so viel Honig, als die zwei zusammen ausmachen, und koche sie in einem Kolben. Nachher nehme er Ingwer, zweimal soviel langen Pfeffer und ein gleiches Gewicht (wie langen Pfeffer) Basilikum, mache es zu Pulver, nehme überdies noch ein Drittel soviel wie Basilikum Elfenbein (gepulvert) und schabe von einem Geierschnabel halb soviel wie Elfenbein zu diesem Pulver dazu. Ist das geschehen, fülle er es in ein Säckchen (Filtertuch), damit es durch dieses hindurch als ein Lautertrank durchfließt, und fange es in einem frischen Tongefäß auf. (Gieße Wein darüber, daß er klar hindurchfiltert.) Der innerlich von den *pediculi* geschädigte Mensch trinke diesen Trank täglich nüchtern und zur Nacht, wenn er ins Bett geht. Die *pediculi* werden schwach werden und sterben, und so wird sich das (durch die Krankheit) geschwundene Fettgewebe wieder erneuern.« (CC 210,15; PL 1283 D)

◆ *Rezept: Anguillan*

6 g Aalgalle
2 ml Weinessig
8 g Honig
stark aufkochen, dann gebe man hinzu:
1 g Ingwerwurzelpulver
2 g langer Pfeffer
2,4 g Basilikumkrautpulver
3 g Geierschnabelpulver
4 g Elfenbeinpulver
mit Weißwein gekocht und aufgefüllt auf 1 Liter.

Anwendung: 3 x täglich ½ Teelöffel in 1 Likörglas Petersilienwein jeweils vor und nach dem Essen; insgesamt ca. 100 bis 300 ml je nach Bedarf.

Begleitend hat sich die Hildegard-Dinkeldiät bewährt, bei der »Küchengifte« (Erdbeeren, Pfirsiche, Pflaumen, Lauch) und die Nachtschattengewächse (Kartoffeln, Tomaten, Paprika, Auberginen) vermieden werden sollten.

Fallbeispiel: Darmkrebs bei einer 59jährigen Patientin

Anfang Juni hatte die Patientin plötzlich eine akute Enddarmblutung. Darmbeschwerden mit Schmerzen und Stuhlunregelmäßigkeiten waren zuvor nicht aufgetreten. Es wurde sofort eine Darmspiegelung vorgenommen. Im Enddarm entdeckte der Arzt einen Polypen der Darmschleimhaut. Wegen der akuten Blutung konnte zu diesem Zeitpunkt keine Gewebeprobe des Polypen entnommen werden. Die Patientin sollte nach einer Woche erneut untersucht werden und bekam therapeutisch neben darmentlastender Kost homöopathisch Arnika C30 (einmal täglich

5 Globuli) verordnet und nahm nach Hildegard dreimal täglich eine Messerspitze Schafgarbenpulver auf eine Tasse Fencheltee ein.
Bei der erneuten Untersuchung konnte dann problemlos die Gewebeprobe entnommen werden. Es wurde ein bösartiger Tumor festgestellt, der bereits in die tieferen Schichten der Darmwand vorgedrungen war.
Nachdem die Patientin sich vom Schock der Tumordiagnose erholt hatte, entschloß sie sich sofort zur notwendigen Operation. Glücklicherweise gab es keine Hinweise auf Metastasen im Bauchraum oder ferneren Organen. Die Laborwerte waren normal bis auf die erhöhten Fette. Der Tumormarker CEA lag im Normalbereich.
Die Patientin wollte sich im Sinne der Hildegard-Heilkunde für die Operation vorbereiten und begann sofort mit den Entgiftungstherapien. Es blieb nicht mehr viel Zeit bis zum geplanten Operationstermin Anfang Juli. Die folgende Therapie setzte sie auch nach der Operation fort:

1. Dinkelernährung
   - *morgens:* Habermus oder Dinkelbrot mit Konfitüre (Himbeer-, Johannisbeer-, Quitten-, Kornelkirschenmarmelade)
   - *mittags:* Kopfsalat mit Dinkelkörnern, Dinkelnudeln, -grieß, -reis, -knödeln, Gemüse (keine »Küchengifte«), wenig Fisch (Rotbarsch) oder Fleisch (Huhn, Ziege, Lamm, Reh, Rind, Kalb, aber kein Schweinefleisch)
   - *abends:* Dinkelbrot, keine Rohkost (außer Salat, angemacht mit Sonnenblumenöl oder Walnußöl und Essig)

   Als Hauptgewürze nahm sie Galgant- und Bertrampulver. Einen Teelöffel Flohsamen streute sie sich täglich über ihr Essen. Neben Fencheltee trank sie hauptsächlich Dinkelkaffee, Apfelsaft, Johannisbeersaft und in Maßen Dinkelbier und Wein.

2. Weitere Hildegard-Heilmittel: Von den Hildegard-Heilmitteln nahm sie regelmäßig drei Fencheltabletten vor dem Essen und eine Galganttablette nach dem Essen. Morgens trank sie nüchtern ein Likörglas Wasserlinsenelixier und abends ein Glas vor dem Schlafen. Jeden zweiten Tag trank sie nüchtern ein Likörglas Wermuttrank, dafür an diesen Tagen morgens kein Wasserlinsenelixier. Diese Kombination der Elixiere behielt sie über die Dauer von sieben Monaten bei.
   Als spezielle Tumortherapie in der Hildegard-Heilkunde nahm sie Anguillan in aufsteigenden Potenzen (D6, D12, D30) nacheinander ein. Die Einnahme von 10 Tropfen erfolgte dreimal täglich in Petersilientrank vor und nach dem Essen für die Dauer von etwa sechs Monaten, dann kam eine Pause von drei Monaten, um dann wieder die Einnahme für sechs Monate fortzusetzen. Später machte sie einmal jährlich eine Anguillankur. Sie trank drei Tage vor bis zehn Tage nach der Operation täglich Fencheltee mit drei Messerspitzen Schafgarbenpulver.
   Nach der Operation wendete sie Veilchensalbe im Narbenbereich an.
   Als weiteres Heilmittel wurde bis zum Operationstermin wegen der chronischen Verschleimung Rainfarnpulver (1–3 Msp.) einmal täglich im Essen mitgekocht. Für den Bluthochdruck nahm sie pflanzliche Medikamente ein (Rauwolfia, *Viscum album* und *Crataegus*), zur Unterstützung der Leber Artischockendragees.
3. Aderlaß: Selbstverständlich durfte in der Vorbereitung auf die Operation der Aderlaß nach Hildegard nicht feh-

> len. Der Befund ergab deutliche Hinweise für Entzündungen und Stoffwechselstörungen bei viel Schwarzgalle. In der Folgezeit ließ die Patientin zweimal jährlich einen Aderlaß durchführen.

Anfang Juli wurde die Darmoperation durchgeführt. Der Polyp lag 35 cm vom Anus entfernt und saß breitbasig auf. Er hatte noch eine Größe von 1 x 2 cm, nachdem bei der Voruntersuchung Gewebeteile von 2,5 x 1,5 x 1,5 cm Größe entfernt worden waren. Erfreulicherweise fanden die Chirurgen keine Lymphknotenmetastasen oder Fernmetastasen, und es blieb bei der Diagnose eines Polypenkarzinoms ohne Verbreitung im Bauchraum. Nach der gut verlaufenen Operation entschied sich die Patientin für eine Nachbehandlung im Kurhaus Hildegard in Allensbach am Bodensee. Eine übliche Tumornachsorge-Behandlung hätte das Fortführen der Hildegard-Ernährung und die Einnahme der Heilmittel nicht möglich gemacht. Zum Glück fand sich in der Nähe der Kurklinik ein kompetenter Chirurg, der die Überwachung der Wundheilung übernahm. Bald konnte die Patientin mit Einreibungen der Veilchensalbe am Bauch beginnen. Die Narbe war groß und sehr hart, sollte sich aber im Verlauf von Monaten deutlich einziehen und weicher werden.
Die üblichen Tumornachsorge-Untersuchungen erbrachten keine Hinweise auf ein erneutes Tumorwachstum oder Metastasen. Beunruhigend empfand die Patientin ein leichtes Ansteigen des Tumormarkers CEA, dieser Wert blieb aber immer unter 10 ng/ml, und alle Folgeuntersuchungen waren unauffällig. Die Patientin ist bis heute frei von Krebs, Metastasen sind nicht aufgetreten. Sie hatte das Glück, daß der Tumor bei der Entdeckung noch nicht sehr groß war

und sich noch nicht über die Lymphbahnen verbreitet oder Nachbarorgane befallen hatte.
Sie befolgte weiterhin konsequent die Empfehlungen der Hildegard-Heilkunde, und es bleibt zu hoffen, daß dieses bedrohliche Erlebnis im Leben der Patientin abgeschlossen ist.

Weitere Fallbeispiele

- Der 34jährige Patient ist an einem inoperablen Hirnstammtumor erkrankt und leidet an Stimm- und Gleichgewichtsverlust. Er taumelt nur noch und muß sich überall festhalten. Das Kantonsspital bittet um eine naturheilkundliche Mitbetreuung, da »keinerlei therapeutische Optionen mehr zur Verfügung stehen«. Einsatz der Hildegard-Methoden zur Krebsbehandlung: Dinkelkost, zweimal jährlich Aderlaß, Einnahme von Wasserlinsenelixier für ein Jahr als Dauertherapie, eine Kur mit Anguillan D6, D12, D30. Nach einem Jahr ist das Tumorwachstum zum Stillstand gekommen. Stimme und Stimmung sind besser, der Patient kann wieder gehen und hat sein Gleichgewicht wiedergefunden. Gute Hildegard-Prognose im Aderlaßblut.
- Die Patientin leidet nach einer Unterleibsoperation vor zehn Jahren an Lymphknotenschwellungen in der Leistengegend. Nach Entfernung eines Leistenlymphknotens wird dieser vom einen Labor als gutartig, vom anderen als bösartig beurteilt. Nach zwei Jahren Fortschreiten der Lymphome, so daß eine Behandlung nahegelegt wird, entweder durch konventionelle Chemotherapie und Bestrahlung, die normalerweise eine gute Lebensqualität, aber keine Aussicht auf Heilung bieten. Oder durch eine höchst belastende intensive Chemotherapie, die eine Heilungschance bieten könnte.

Die Patientin entscheidet sich für eine Ernährungsumstellung auf Dinkelkost. Durch Wasserlinsenelixier, Anguillan und Aderlaß sowie eine Darmsanierung (Candida-Infektion) verkleinern sich die Lymphknoten nach drei Monaten von 10 auf 2 cm. Insgesamt kommt es zu einer erfreulichen Entwicklung mit spontaner Lymphknotenrückbildung bei gutem klinischem Zustand.

➾ Mit 40 Jahren werden der Patientin beide Brüste (1986 die linke und 1988 die rechte) entfernt. Trotz Chemotherapie und 24 Bestrahlungen kehrt im Juni 1991 links das bösartige Tumorwachstum zurück. Im Mai 1992 wird erneut operiert. Anschließend Nachbluten. Trotz Chemotherapie schreitet die Erkrankung weiter: Metastasen in der Leber, Lunge sowie in der Lymphbahn. Ab April 1994 Anwendung der Hildegard-Medizin: Aderlaß, Wasserlinsenkur und Anguillan. Es kommt zu einer Rückbildung der Metastasen innerhalb von neun Monaten. Sowohl die Leber- als auch die Lungenmetastasen sind in der Computertomographie nicht mehr sichtbar, sondern nur Vernarbungen. Eine neue Metastasierung ist nicht erkennbar.

➾ Mit 48 Jahren wird der Patientin die linke Brust wegen eines bösartigen Tumors amputiert. Noch drei Jahre nach der Operation verspürt sie einen stechenden Schmerz im ganzen Körper mit kolikartigen Schmerzen. Durch Aderlaß und Wasserlinsenelixier verschwinden die Schmerzen nicht. Erst durch Einsatz von Anguillan können die Schmerzen beseitigt werden.

Veilchensalbe

Hildegard widmet der Entstehung und Behandlung von Brustkrebs ein eigenes Kapitel, wobei sie das Wort Tumor (Krebsgeschwulst) verwendet.

»Durch verschiedene (gute wie schlechte) Säfte quellen Gewebe und Gefäße des Menschen an, so wie das Mehl durch Hefe aufgetrieben wird und aufquillt. Die Säfte, die vom Herzen, von der Leber, der Lunge, dem Magen und von den übrigen Organen stammen, werden, wenn sie sich einmal falsch zusammengesetzt und im Übermaß entwikkelt haben, manchmal schwerfließend, schmierig und nur lauwarm. Und wenn sie im Menschen zurückbleiben, bringen sie ihm Krankheiten, wenn sie aber ausbrechen, machen sie ihn gesünder.« (CC 154,18)
Für harmlose Bindegewebezysten von der Art einer Mastopathie (Vorkrebsform) empfiehlt Hildegard Veilchensalbe, die auch in vielen Fällen die Bindegewebeknoten zum Verschwinden gebracht hat. Hildegard geht so weit, daß sie dazu rät, die Geschwüre zur Reife kommen zu lassen. Wir empfehlen aber grundsätzlich, die Tumore unter möglichster Schonung (Schafgarbenschutz) und unter Erhaltung der Brust und der Lymphknoten operieren zu lassen und dann mit Wasserlinsenelixier und Veilchensalbe nachzubehandeln.
»Wenn solche Säfte den Menschen an der einen oder anderen Stelle befallen haben, so daß sie dort ein oder mehrere Geschwüre *(ulcus)* erzeugt haben, dann soll der Mensch sie zur Reife kommen lassen, damit sie ausfließen können und nicht noch größere Schmerzen verursachen, als wenn sie inwendig zurückgeblieben wären. Haben sich die Säfte im Reifestadium entleert, dann soll der Mensch eine (Veilchen-)Salbenbehandlung durchführen.«
»Nimm Veilchen, presse ihren Saft aus, und siebe ihn durch ein Tuch. Wiege den dritten Teil vom Gewicht Olivenöl ab, ebensoviel (Ziegen-)Bockfett wie Veilchensaft, siede alles in einem neuen Topf auf, und bereite daraus eine Salbe. Salbe dann die Körperstelle ringsherum und auch oben

drauf, wo der Krebs und andere Viren *(vermes)* den Menschen verzehren. Und sie werden sterben, wenn sie von der Salbe gekostet haben. Aber auch andere Geschwüre *(ulcera),* die den Menschen schmerzen, reibe man damit ein. Wenn jemand von Kopfweh geplagt wird, salbe man damit quer über seine Stirne.« (CC 204,25)

◆ *Rezept: Veilchensalbe*
20,0 ml Veilchensaft
10,0 ml Olivenöl
20,0 g Ziegenfett
5 Tropfen Rosenöl
Die Veilchensalbe hat sich besonders bei der Behandlung von Knoten in der Brust und von Ovarialzysten bewährt, wobei die Ultraschallkontrolle zeigt, daß sich die Zysten innerhalb von zwei bis drei Wochen verkleinern oder teilweise ganz verschwinden.

Fallbeispiele
➾ Bei der 70jährigen Patientin wird in der rechten Brust durch die Mammographie ein verdächtiger Knoten entdeckt. Danach wird die Brust bis unter den Arm täglich mit Veilchensalbe eingerieben. Fünf Wochen später ist bei der Mammographie vom Röntgenarzt der Knoten nicht mehr festzustellen.
➾ Dem 30jährigen Patienten wurde wegen eines Mischtumors der linke Hoden entfernt. Vier Wochen später entwickeln sich schnellwachsende Metastasen in beiden Leisten und in der Lunge. Sofortige Einnahme von Wasserlinsenelixier und Anguillan sowie Einmassieren von Veilchensalbe über den Lymphknotenschwellungen und Umstellung auf Dinkelkost. Nach zwei Monaten zeigt sich auf

den Röntgenaufnahmen und durch Tastbefund in der Leiste ein kompletter Rückgang der Metastasen. Eine Zweitoperation ist dadurch nicht mehr erforderlich.

Patientenbericht

»Seit über 20 Jahren habe ich am Hals rechts daumendikke und links etwas schwächere Lymphdrüsenschwellungen, die ich auf ärztliche Empfehlung täglich zweimal mit Lymphsalbe einreiben mußte, um Krebs zu verhüten. Die Einreibungen hatten keinerlei Wirkung. Zur Blutnachuntersuchung wurde ich von meinem Hausarzt zu einem Facharzt für Innere Medizin und Hämatologie überwiesen. Ich habe den Arzt auf meine Lymphdrüsenschwellungen aufmerksam gemacht. Der Arzt sagte mir, er wolle die Drüse aufschneiden, um zu sehen, was drin ist. Damit war ich nicht einverstanden. Am 23. Juli 1996 habe ich erstmals die Hildegard-Praxis aufgesucht, wobei ich Medikamente zur Entgiftung und gegen Rheuma (Wasserlinsenelixier, Veilchensalbe, Dinkelkost) verschrieben bekam, die ich gewissenhaft eingenommen habe. Vor etwa drei Wochen habe ich erfreut feststellen können, daß ich keine Drüsenschwellungen mehr habe. Ich freue mich sehr, daß ich mit 91 Jahren durch die Hildegard-Medizin so einen unerwarteten Erfolg erleben durfte.«

Amethyst

»Wenn einem Menschen irgendwo frisch an seinem Körper eine Schwellung (Geschwulst) entsteht, befeuchte den Amethyst mit dem Speichel, und bestreiche die Stelle der Schwellung überall, und die Geschwulst wird kleiner und vergeht.«

Der Amethyst ist ein Universalheiler bei gutartigen Schwellungen der Haut nach einem Stoß oder Schlag. Selbst bei Warzen hat sich der Amethyst bewährt, wenn man die Warzen mit dem befeuchteten Amethyst wiederholt bestreicht. Bei vielen Frauen sind durch Amethystbehandlung im Zusammenwirken mit der Veilchensalbe Knoten in der Brust verschwunden.

Patientenbericht

⊷ »Bei mir bildeten sich von Zeit zu Zeit kleine Schleimhautpolypen an der Innenseite der Unterlippe, die ich auch schon operativ beseitigen ließ. Wenn ich diese Polypen mit einem Amethyst mehrmals täglich bestreiche, verschwinden sie auch ohne Operation.«

Fallbeispiel

⊷ Bei der 56jährigen Patientin zeigt sich ein Jahr nach einer Myomoperation ein stecknadelkopfgroßes Melanom am Unterleib. Nach Aderlaß und täglichem Bestreichen mit einem speichelbefeuchteten Amethyst wird sowohl vom Hausarzt als auch von der Universitätsklinik das Verschwinden des Melanoms bestätigt.

Amethystwasser

»Wenn ein Mensch in seinem Gesicht Flecken hat, bestreiche er sein Gesicht mit dem so befeuchteten Amethyst. Auch wärme er Wasser und halte den Amethyst über dieses Wasser, und eine aus diesem Stein ausschwitzende Kraft vermischt sich mit dem Kondenswasser-Dampf. Lege diesen Stein schließlich selbst in das Wasser, und wasche mit diesem Wasser das Gesicht. Oft gemacht, wird die Gesichtshaut zart und die Gesichtsfarbe schön.« (PL 1260 A) Hier haben wir ein wunderbares Kosmetikum für das Gesicht, wo viele Altersflecken auftreten, die immer ein Zeichen einer Präkanzerose sind.

Amethystsauna

»Ein Mensch, der sehr viele *pediculi* (Krebsviren) hat, lege einen Amethyst fünf Tage lang in kaltes Wasser, nehme den Stein heraus, koche das Wasser und halte den Amethyst darüber, damit sich das Kondenswasser an ihm abscheidet. Dann lege er ihn auch noch eine Stunde lang in dieses Wasser und nehme ihn dann wieder heraus. Dieses Amethystwasser verdampfe in der Sauna auf heißen Saunasteinen und inhaliere. So wird er durch die Kraft des Steines für 4–5 Wochen von diesen *pediculi* frei werden. Wenn er wieder *pediculi* in sich bemerkt, wiederhole er es, und sie werden verschwinden. Die *pediculi* wachsen nämlich vom kranken Fett und krankhaftem Schweiß, und darum muß dieser Stein, der keine schädliche Feuchte in sich hat, in das Wasser gelegt werden, damit sich die Kräfte des Wassers und des Steines miteinander wirksam verbinden.«
Es liegen erste Erfahrungen vor, daß die für die Präkanzerose typischen Kolikschmerzen in der Amethystsauna verschwinden. Besonders interessant ist die Beobachtung, daß Knochenschmerzen durch Metastasenbildung in der Amethystsauna für sechs Wochen verschwanden. Dann kann man den Saunagang wiederholen.

Lavendelöl

Durch eine Ganzkörpermassage mit Lavendelöl werden dem Krebspatienten neue Energien zugeführt.

Roggenbrotkompresse

Zur Bekämpfung der allerkleinsten Würmchen *(gracillimi vermiculi)*, der Krebsviren nach Hildegard, sind Kompressen aus Roggenbrot geeignet. Besonders zur Nachbehandlung und Bekämpfung von Lokalrezidiven des Brustkrebses sind sie zu empfehlen. Diese Behandlung ist auch geeignet bei geschwollenen Lymphknoten, da sich der Krebs gerade in den Lymphbahnen und Lymphdrüsen ausbreiten kann.
Hildegard schreibt: »Wenn Krebse – nämlich die allerkleinsten Würmchen *(gracillimi vermiculi)* – das Fleisch eines Menschen fressen, soll man warme Roggenbrotstücke (auf eine Mullkompresse) auflegen, und das oft machen (täglich), und sie werden durch die Roggenbrotwärme zugrunde gehen.« (PL 1130 B)

Gundelrebenelixier

Indikation: Lungenleiden mit Bronchialkrebs.
»Wenn ein Mensch an einem beliebigen Leiden in der Lunge erkrankt ist, wobei er zuerst in der Lunge zu leiden anfängt, und dieses Leiden den Bereich der Kehle ergreift, welche die Stimme rauh macht und die Reinheit der Stimme nimmt, der nehme Gundelrebe und etwas mehr Basilikum und noch mehr Feldkümmel *(humpeln, humelin)* als Basilikum gewesen war und lasse diese Kräuter in einem

frischen (sauberen, sterilen?) Topf kochen, so daß im Topf das Wasser ein Drittel über die Kräuter steht. Die gekochten (Kräuter) seihe durch ein Tuch. Dann nehme er so viel Muskatnuß als nur erreichbar und ein Drittel von der Muskatnuß Galgantwurzel und zweimal soviel wie Muskatnuß Birnmistel und mache das Ganze zu Pulver, und dieses Pulver laß mit bestem Wein in einem neuen Topf kochen, wobei der Wein dieses Pulver im Topf um ein Drittel übertreffen soll. Wenn das geschehen ist, dann laß dieses Pulver mit diesem Wein und einem Zusatz von etwas Honig noch einmal im Topf aufsieden. Hernach füge das mit den Kräutern gekochte Wasser diesem Wein zu, wobei der Wein doppelt soviel sein soll wie dieses (Kräuter-)Wasser. Davon trinke er vor dem Essen eine kleine Menge (ein Likörglas) und nach dem Essen wieviel man auf einen Zug trinken kann (eine halbe Tasse voll). Immer vor dem Trinken mit heißem Stahl warm machen.« (PL 1207 B)

◆ *Rezept: Gundelrebenelixier*
50 g Gundelrebenblätter
60 g Basilikumblätter
80 g Feldkümmel
2000 ml Wasser
Alles miteinander aufkochen.
30 g Muskatnußpulver
10 g Galgantpulver
60 g Birnenmistelpulver
4 l Weißwein
Alles miteinander 5 Minuten aufkochen. 600 g Honig hinzufügen, nochmals 5 Minuten aufkochen und absieben.
Anwendung: Dreimal täglich ein Likörglas (20 ml) vor und zwei Likörgläser (40 ml) nach dem Essen einnehmen.

Pflaumenholzasche

Indikation: Haarausfall durch Chemotherapie oder Hormonregulationsstörungen.
Durch die Chemotherapie wird meistens ein starker Haarausfall ausgelöst. Er kann durch die vorbeugende Anwendung der Pflaumenholzasche verhindert werden, oder die Haare werden wieder zu neuem Wachstum angeregt. Wenn die Haarwurzeln bereits zerstört sind, ist allerdings ein Haarwachstum nicht mehr möglich.
Hildegard schreibt: »Mache aus der Rinde und den Blättern des Pflaumenbaums Asche und aus dieser Asche eine Lauge. Wenn dein Kopf staubt (d. h. Schuppen hat) oder welkt (glanzlos wird), dann wasche ihn oft mit dieser Lauge, und der Kopf wird gesund und schön, und er wird viele und schöne Haare hervorbringen.« (PL 1224 A)
Die Pflaumenaschenlauge ist stark alkalisch und muß vor der Anwendung 1 : 1 mit Wasser verdünnt werden. Nach dem Haarewaschen wird der Kopf mit einer Mischung aus ein bis zwei Likörgläsern Pflaumenholzasche und der gleichen Menge Wasser verdünnt einmassiert; nicht nachspülen, sondern einfrottieren oder einföhnen. Ein- bis zweimal wöchentlich mindestens zwei Monate lang anwenden.

Rainfarnsaft

Mit 50 Jahren haben 50 Prozent aller Männer eine altersbedingt vergrößerte Prostata. Bei vier von zehn Männern in diesem Alter findet man Krebszellen. Eine gute Abwehrkraft (gefördert durch Wasserlinsenelixier, Darmsanierung) und eine gute Dinkelkost halten alles unter Kontrolle. Symptome wie Harnverhalten oder Inkontinenz treten

erst viel später, manchmal erst nach 10–15 Jahren auf. Mit Rainfarnsaft-Urtinktur (Firma Jura) haben wir ein sehr gutes Mittel, bei Prostatavergrößerung das Harnverhalten oder die Inkontinenz zu behandeln.
Hildegard schreibt: »Wer den Harn nicht lassen kann, ohne von einem Blasenstein daran gehindert zu werden, bereite aus (Frühlings-)Rainfarnblättern einen Saft unter Zugabe von etwas Wein und trinke es oft, und das Harnverhalten wird gelöst.«
Anwendung: 10–30 Tropfen (bei Bedarf bis zu 2 TL) Rainfarnsaft-Urtinktur auf ein Likörglas Wein ein- bis dreimal vor dem Essen vier bis sechs Wochen lang einnehmen. Wein soll nicht getrunken werden, es sei denn mit dieser Menge Rainfarnsaft. Wenn Besserung auftritt, entsprechend weniger nehmen.
Die Firma Jura verarbeitet Rainfarn ohne Thujon, ein Lebergift, das von den Blüten des Rainfarns gebildet wird. Analysen der Firma Jura haben gezeigt, daß sich die Pflanzenchemie im Laufe der Vegetationsperiode verändert und zur Blütezeit Thujon auch in den Blättern auftritt. Auf diese feinen chemischen Veränderungen hat Hildegard oft hingewiesen: »nehme man den Frühlingswermutsaft aus den Blättern«. Oder man koche Salbeiblätter ab, dabei entweichen die Giftstoffe, zum Beispiel Thujon. Eine Frühjahrskur nach Hildegard kann man aus diesen Gründen nicht mit einem anderen Wermutsaft oder einer Urtinktur herstellen.

Patientenbericht

»Vor einem Jahr bekam ich (74 Jahre) von einem Spezialisten den Bescheid Prostatakrebs. Man hat mir zur Operation geraten. Da ich schon viel über Hildegard-Medizin gelesen und gehört hatte, entschloß ich mich nach einer eingehenden Beratung zu einer Ernährungsumstellung auf Dinkel, Obst und Gemüse und nahm zur Stärkung meiner Abwehrkraft Wasserlinsenelixier und Anguillan sowie dreimal täglich fünf Tropfen Rainfarn in einem Likörglas Petersilientrank. Zusätzlich auch das Medikament Prostagutt. Zweimal im Jahr wurde ein hildegardischer Aderlaß durchgeführt. Danach wurde von einem Labor wiederum der PSA-Wert festgestellt. Er war von 12 vor der Behandlung auf 4,2 nach der Behandlung gesunken, so daß nach Auskunft des Urologen keine Prostataoperation mehr nötig war.«

Fenchel-Bockshornklee-Salbe

Indikation: Hodenschwellung, Hodentumor, Wasserbruch, Hodenentzündung, Epididymitis.

»Zuweilen tritt durch schlechte Säfte oder auch durch schädlichen Schweiß oder auch infolge ungebändigten Geschlechtsgenusses an den männlichen Genitalien eine abscheuerregende Feuchtigkeit oder ein Geschwür oder auch eine Auftreibung auf, so daß die Geschlechtsteile anschwellen und durch schlimme Geschwüre geschädigt werden: Wenn bei einem Mann durch schlechte Säfte einmal an den Geschlechtsteilen eine Anschwellung durch eine sehr schlimme Geschwulst entsteht, die ihm dort Schmerzen macht, soll er Fenchel nehmen und dreimal soviel Bockshornklee, etwas Kuhbutter, alles zusammen verreiben und äußerlich auflegen. Diese Mittel ziehen die schlechten Säfte des Schmerzes an den männlichen Genitalien aus … Ferner soll er Treber (Bierkuchen) nehmen, mit lauwarmem Wasser befeuchten, so erwärmen und auf die genannte Geschwulst (als Kompresse eine Stunde) auflegen.«

◆ *Rezept: Fenchel-Bockshornklee-Salbe*
15 g Fenchelsamenpulver
45 g Bockshornkleepulver
250 g Kuhbutter
Die Butter im Wasserbad erwärmen und die Pulver daruntermischen. Die Salbe kaltrühren und abfüllen.
Anwendung: Zwei- bis dreimal täglich den Hodensack damit einmassieren. Außerdem 100 g Biertreber mit Wasser handwarm erwärmen, eine Stunde lang als Kompresse auflegen (eventuell mit einem Plastikbeutel abdichten).

Fallbeispiele

➾ Die Hodenschwellung war so groß wie eine Männerfaust. Der Patient konnte nicht mehr gehen und nur noch unter großen Schmerzen und Schüttelfrost auf dem Rücken liegen. Einweisung ins Krankenhaus. Aus Furcht vor der angekündigten Operation mit der Aussicht auf Impotenz verließ der Patient das Krankenhaus. Schmerzlinderung zunächst mit Veilchensalbe, so daß die Schmerztabletten nicht mehr erforderlich waren. Anschließend Behandlung mit Fenchelsalbe im Wechsel mit der Biertreberkompresse. Der Hoden ging nach einmaliger Anwendung auf normale Größe zurück. Seitdem keine Beschwerden mehr.

➾ Nach der Entfernung des linken Hodens wegen Mischtumors kam es zu einem Rückfall mit Metastasierung, Lymphknotenschwellung. Daraufhin erfolgte eine konsequente Behandlung mit Veilchensalbe im Wechsel mit Fenchelsalbe, Aderlaß und Wasserlinsenelixier. Rückgang der Lymphknotenschwellung links und rechts, so daß eine zweite Operation nicht mehr erforderlich war. Der Patient ist seit vier Jahren beschwerdefrei.

Schutzkost

Wie man sich mit Hilfe der Ernährung vor Krebs schützt

Viele Menschen sind heute immer noch der Meinung, daß man sich durch die Ernährung nicht vor Krebs schützen kann, und weisen spöttisch darauf hin, wie viele Pioniere der Naturheilkunde an Krebs gestorben sind, unter anderem Arne Waerland, Pfarrer Sebastian Kneipp und nun auch der Begründer der Hildegard-Medizin, Dr. Gottfried Hertzka. Dabei verkennen sie, daß das Krebswachstum nicht allein ernährungsbedingt ist, sondern als komplizierter vielschichtiger Prozeß zu verstehen ist, auf den Lebensstil, Streß, Alter, Umwelt, Vererbung und frühere Krankheiten einen erheblichen Einfluß haben.
Neue wissenschaftliche Ergebnisse bestätigen, daß durch das richtige Essen und Trinken Krebs vermieden werden kann. Je nach Krebsart kann man so 50–90 Prozent aller Krebsarten verhüten. Die richtige Ernährung ist ein entscheidender Beitrag, um gesund zu werden und gesund zu bleiben. Aber wer kann heute noch mit gutem Gewissen bei der Vielfalt der Ernährungsrezepte sagen, was gut und richtig ist?
Die Lebensmitteltechnologie liefert genaue analytische Daten über die Inhaltsstoffe in unseren Lebensmitteln. Diätassistenten stellen nach diesen Tabellen Speisepläne zusammen. Diese Diätpläne sind die wissenschaftliche Grundlage für die Ernährung in Krankenhäusern, Sanatorien und wissenschaftlich geführten Kurkliniken. Schauen

wir uns einmal den Speiseplan einer Krebsstation in einer Universitätsklinik an:

Montag: Schweizer Steak, Pommes frites, Salat
Dienstag: Rinderroulade Hausfrauenart, Erbsen und Karotten, Salzkartoffeln
Mittwoch: gefüllter Schweinebauch, Kraut, Kartoffelknödel
Donnerstag: gebratene Kalbskeule, Prinzeßbohnen, Tellerkartoffeln
Freitag: Schaschlik auf Curryreis mit Salat
Samstag: Hackbraten, Kohlrabigemüse, Kartoffelpüree
Sonntag: Wiener Backhendl, Pommes frites, Salat

Wir wissen heute, daß der Tumor besonders vom tierischen Eiweiß (zuviel Fett, zuviel fetter Käse, Eier und Milchprodukte) lebt. Mit einer Ernährung nach diesem Klinik-Speiseplan wird das Tumorwachstum geradezu angefeuert.

Aber auch die Vollwerternährung ist mit Vorsicht zu genießen. Die von Professor Kollath beeinflußte Vollwertbewegung ist mit der Vollkost- und Rohkostbewegung verschmolzen. Frischkornbrei oder über Nacht in Wasser eingeweichte Getreidekörner, morgens als Müsli gereicht, und Rohkostplatten seien die beste Ernährung. Doch durch die Rohkosternährung haben sich in der Bevölkerung die Hefepilze enorm ausgebreitet.

Hildegard warnt vor Rohkost, da sie die Ursache von Verdauungsstörungen und Schimmel ist (Hefepilzinfektion), wobei der Magen grün und blau wird und Fäulnisgase durch den ganzen Körper ziehen.

In Getreide, Obst und Gemüse sind Stoffe enthalten, die durch das Kochen beseitigt werden müssen. Dazu gehört die Phytinsäure, die Mineralstoffe bindet und erst durch das Kochen zerstört wird.

Hildegard schreibt: »Wenn ein Mensch rohe Äpfel oder Birnen oder rohes Gemüse oder sonstige ungekochte Speisen genossen hat, die weder auf dem Feuer noch mit irgendeinem Gewürz zurechtgemacht waren, so können diese in seinem Magen nicht leichtfertig gekocht werden ... So steigen die schlechten Säfte aus den Speisen, die eigentlich auf dem Feuer oder mit irgendeiner Würze, wie Salz oder Essig, hätten zubereitet oder gebeizt werden müssen und nicht zubereitet und gebeizt waren, zur Milz auf und verwandeln diese in eine schmerzhafte Geschwulst ... Wenn also manche Menschen zuweilen irgendwelche Speisen in übermäßiger Menge genossen haben, d. h. rohe und ungekochte oder halbgare und außergewöhnlich fette und schwere oder auch saftlose und trockene, dann können manchmal das Herz, die Leber und die Lunge und die andere Wärme, die im Menschen ist, dem Magen nicht mit so viel und so starkem Feuer beispringen, daß diese Speisen gar gekocht werden.«

1992 veröffentlichte der finnische Arzt Dr. H. Adlercreuz die Ergebnisse einer Studie über die Zusammenhänge von Krebshäufigkeit und fettreicher Ernährung (Finlandia-Studie). Er stellte fest, daß die sogenannte gutbürgerliche Kost mit sehr viel fettem Käse, cholesterin- und schlachtfetthaltigem Fleisch und fettreicher, süßer Ernährung im Vergleich zu Personen mit vegetarischer Kost ein großes Krebsrisiko beinhaltet. Er konnte zeigen, daß eine fettreiche Ernährung zu einem höheren Cholesterinspiegel führt, der die Produktion von Sexualhormonen übernatürlich ansteigen läßt und so verschiedene Krebsarten auslöst. Durch eine mehr oder weniger vegetarische Ernährung mit Dinkel, Obst und Gemüse kann man das Krebsrisiko senken, da Cholesterin- und Sexualhormonspiegel in den Normalbereich zurückgehen.

Darüber hinaus konnte Adlercreuz in den Pflanzen sogenannte Phyto-Östrogene – das sind pflanzliche Sexualhormone – feststellen, die einen regulierenden Einfluß auf einen erhöhten Sexualhormonspiegel haben und dadurch das Risiko von Brust-, Darm- und Prostatakrebs reduzieren. Außerdem haben die Phyto-Östrogene noch wertvolle Eigenschaften, um Hitzewallungen zu reduzieren, vor Osteoporose zu schützen und Infektionen durch Viren, Bakterien und Pilze abzuwehren.
Von noch größerer Bedeutung ist die schützende Wirkung pflanzlicher Farbstoffe, zum Beispiel roter Farbstoffe wie in roter Bete, Kirschen, Brombeeren, Johannisbeeren, Kornelkirschen oder gelber Farbstoffe wie in Kürbis, Kräutern und Zitrusfrüchten. Diese Substanzen, die man als Vitamin P (Permeabilitätsvitamin) bezeichnet, haben eine schützende Wirkung auf die Kapillaren und Zellmembranen. Eine obst- und gemüsereiche Kost sorgt dafür, daß die Blutgefäße nicht so leicht brüchig werden und die Zellmembranen gegen Viren, Bakterien und Pilzen abgedichtet werden.
Pflanzenfasern oder Faserstoffe, zum Beispiel im Dinkel, in Flohsamen oder in Äpfeln (Pektin), sind hochkettige Kohlenhydrate, die von der natürlichen Darmflora zu kurzkettigen Fettsäuren wie Propionsäuren, Buttersäuren und Essigsäuren abgebaut werden und dem Dünndarm ein schwach saures Milieu verleihen, in dem sich die nützlichen Dünndarmbakterien optimal vermehren und den krank machenden Hefepilzen keine Chance lassen.
Eine ballaststoffreiche Ernährung verhütet durch den schützenden Einfluß von Faser- und Schleimstoffen die Entstehung von Entzündungen im Magen und im Darm und beugt gleichzeitig Darmträgheit, Verstopfung, Divertikulose und Hämorrhoiden vor.

Bei einer ballaststoffarmen Ernährung verweilt die Nahrung zu lange im Darm und wird schlecht ausgeschieden. Krebserregende Substanzen häufen sich im Dickdarm an und können über das Blut in die Körperzellen gelangen. Ballaststoffe aus Dinkel, Obst und Gemüse sind dagegen in der Lage, diese krebserregenden Substanzen aufzusaugen und auf natürliche Weise auszuscheiden.

In den Industrieländern führt der hohe Fettverzehr von ungefähr 100–160 g pro Tag zu einer vermehrten Bildung von Gallensäure. Sie wird von der Darmflora zu krebserregenden Substanzen abgebaut. Nach ihrer Verarbeitung in der Leber verursacht sie einen erhöhten Cholesterin- und damit auch Sexualhormonspiegel. Dadurch steigt wiederum das Krebsrisiko für Brust, Dickdarm, Prostata und Bauchspeicheldrüse.

Hildegard warnt allerdings auch davor, daß es unter den Ballaststoffen »Räuber« gibt. Sie entziehen dem Körper die Vitalstoffe. Zu diesen »Räubern« gehört der Leinsamen, der niemals innerlich genommen werden sollte. Also auf Leinsamenbrot verzichten und keinen Leinsamen übers Essen streuen. Vielmehr verwende man Flohsamen, der diese Eigenschaften nicht hat. Er sollte aber mit viel Flüssigkeit eingenommen werden, da er bis zu dem Vierfachen seines Volumens im Darm aufquillt und so die Fäulnisstoffe und die Gallensäure aufsaugt und entfernt, nicht aber Vitamine und Mineralstoffe.

Dinkel, Obst und Gemüse versorgen den Organismus mit genügend basischen Mineralien und Spurenelementen. Besonders der Dinkel verfügt über einen großen Mineralienreichtum, der in der Lage ist, überschüssige Gallensäure zu neutralisieren und unter Kontrolle zu halten. Die Mineralstoffe und Spurenelemente üben im Körper eine lebensnot-

wendige Funktion aus. Ohne Mineralstoffe funktioniert keine Nervenleitung, um die Körperorgane zu ihrer Arbeit anzuregen. Zum Beispiel sind Kalium und Magnesium für den normalen Herzrhythmus wichtig. Der Dinkel verfügt über alle 45 Mineralstoffe und Spurenelemente, die am Knochenaufbau beteiligt sind. Es ist ein Märchen zu glauben, allein mit Kalzium-Brausetabletten und Vitamin-D-Präparaten den Knochen aufbauen zu können, denn dann fehlen mehr als vierzig andere Elemente!
Klinische Studien weisen auch darauf hin, daß besonders Selen das Krebswachstum aller Organe einschließlich der Haut verhindern kann. Voraussetzung sind aber humusreiche Böden, die nicht durch Überdüngung an Selen-Armut leiden. Die tägliche Selen-Menge sollte ca. 0,2 µg betragen. Bei Selen-Mengen von mehr als 1,0 µg in der täglichen Nahrung kommt es zu chronischen Vergiftungen, weil Selen mit Arsen chemisch verwandt ist. Akute Vergiftungen äußern sich mit Erbrechen, Durchfall, Rhythmusstörungen und sogar dem Entstehen von Krebs. Man sollte möglichst keine Selen-Präparate – außer homöopathische Mengen – zu sich nehmen und den Bedarf lieber durch die Nahrung decken, wo es niemals zu Vergiftungserscheinungen kommen kann. Durch Rohkost, Müsli oder Frischkornbrei kann es allerdings zu einem Mangel an Mineralstoffen und Spurenelementen kommen, weil erst beim Kochen und Backen Phytin zerstört wird, das die Mineralstoffe und Spurenelemente resorbieren kann, so daß sie dem Körper nicht mehr zur Verfügung stehen. Hieraus leitet sich auch das bereits erwähnte Verbot von Rohkostnahrung ab.
Besonders interessant ist der hohe Zinkgehalt im Dinkel von 33–34 mg pro kg Trockenmasse im Vergleich zum Weizen mit 23 und Roggen mit 19 mg. Zink ist eine Schutzsub-

stanz gegen Krebs. Er ist in der Lage, die sogenannten freien Radikale einzufangen, die das Krebsgeschehen im Organismus auslösen können.

Freie Radikale und Antioxidanzien

Heute ist man der schützenden Wirkung von Pflanzenkost auf die Spur gekommen und hat die Zusammenhänge der Krebsentstehung entschlüsselt. Beim normalen Stoffwechsel des Menschen entsteht die Energie durch einen komplizierten biochemischen Übertragungsmechanismus. Sauerstoff und Wasserstoff werden zu Wasser »verbrannt«, wodurch Energie frei wird. Damit der Körper dabei nicht wie bei der Knallgasreaktion »in die Luft fliegt«, werden die Verbrennungsschritte biologisch übertragen und über Brücken geleitet. Dabei werden Sauerstoff-Radikale frei oder der sogenannte angeregte Sauerstoff (Singulet-Sauerstoff) gebildet. Wie der Name sagt, sind sowohl freie Radikale als auch Singulet-Sauerstoff sehr reaktionsfähige Atome. Sie können das ihnen fehlende Elektron gewaltsam anderen organischen Molekülen im Körper entreißen, wodurch diese Moleküle ihrerseits wieder radikal werden – eine Kettenreaktion auslösen. Besonders gefährlich ist die Möglichkeit, daß freie Radikale in die Zellen gelangen, das Erbgut zerstören und so Krebs auslösen. Neuerdings werden die freien Radikalen aber auch für die Alterungsvorgänge und die damit verbundenen Krankheiten verantwortlich gemacht, zum Beispiel Alzheimer-Krankheit, Rheuma, Ekzeme, Haarausfall, Herz-Kreislauf-Erkrankungen oder auch Krebs, Gicht, grauer Star und Nervenschwäche wie Multiple Sklerose.

∧ Der Smaragd stimuliert die Wundheilung

∧ Edelkastanie

< Der Mensch steht im Weltennetz des Kosmos, gehalten von der Liebe Gottes

∨ Dinkel, Gerste, Hafer, Roggen, Weizen (v. l. n. r.)

∨ Wasserlinsen

∧ Im Kurhaus Hildegard in Allensbach am Bodensee wird Hildegard-Heilkunde praktiziert

Der Mensch im Rhythmus der Natur und im Einklang mit dem Kosmos >

∨ Bioflavanoide in der Kürbissuppe schützen den Körper vor krebserregenden Stoffen

Eine besonders gefährliche Konzentration von freien Radikalen entsteht durch eine schlechte Lebensweise und falsche Ernährung sowie durch Umweltbelastungen:

- chronischer Streß
- Chemotherapie
- chronische Entzündungen
- Rauchen
- zuviel UV-Bestrahlung
- Alkoholgenuß
- übertriebene sportliche Aktivität
- Umweltgifte wie Blei, Kadmium und Quecksilber

Die Pflanzen jedoch sind in der Lage, die freien Radikalen einzufangen. Sie verfügen über Antioxidanzien. Dazu gehören besonders das Vitamin C, die Vitamine A und E, manche B-Vitamine sowie die Mineralstoffe Magnesium, Selen und Zink, aber auch die roten und die gelben Blüten-, Früchte- und Gemüsefarbstoffe, die sogenannten Bioflavonoide.

Menschen, die viel Dinkel, Obst und Gemüse essen, haben durch die Ernährung einen besonders guten Schutz vor Krebs, Rheuma, Hautkrankheiten, Alterskrankheiten und Herz-Kreislauf-Krankheiten. Die Aufnahme dieser Antioxidanzien geschieht am besten durch die Ernährung, weil Vitamin- und Mineralstofftabletten nicht im richtigen Milieu dargeboten werden, um vom Körper auch wirklich aufgenommen zu werden. Außerdem kann eine Überdosis von Vitaminen zu Nebenwirkungen führen.

In allen bisher durchgeführten klinischen Studien konnte die schützende Wirkung von Vitamin- und Mineralstofftabletten nicht bestätigt werden. Im Gegenteil, manchmal steigt das Krebswachstum bei einer Riesendosis noch an.

Risikosenkende Wirkung haben allein Lebensmittel wie Dinkel, Obst und Gemüse, die Antioxidanzien in reichlicher Menge zur Verfügung stellen.
Die Angst vor Vitaminmangel wird leider wirtschaftlich viel zu sehr ausgenutzt. Mit Ausnahme von Vitamin A und Vitamin C, die wir durch den täglichen Dinkel-Kopfsalat zu uns nehmen können, werden alle anderen Vitamine durch die Dinkelkost zugeführt oder im Darm durch eine intakte Darmflora hergestellt. Wie schon gesagt, enthält der Dinkel Vitamin E, das in der Lage ist, krebsauslösende freie Radikale einzufangen. Außerdem ist Vitamin E in der Lage, das Wachstum von manchen Krebsarten zu hemmen. Bereits mit 100 g Dinkelvollkornmehl wird der Tagesbedarf an Vitamin E zu einem Drittel gedeckt. Dinkel enthält außerdem das Vitamin B_2 oder Riboflavin, das eine zentrale Bedeutung für die Sauerstoffübertragung in der Atmungskette hat. 100 g Dinkelvollkornmehl decken 6 Prozent des Tagesbedarfs an Vitamin B_2, der Rest wird im Darm hergestellt. Darüber hinaus findet sich im Dinkel das Vitamin B_6, das zur Aufrechterhaltung der Haut- und Nervenfunktion notwendig ist. Vitamin B_6 hemmt die Verklebung der Blutplättchen und sorgt für eine gute Durchblutung. Außerdem stimuliert B_6 die Abwehrkraft, indem es die Aktivität der B- und L-Lymphozyten verbessert. Mit 100 g Dinkelvollkornmehl werden 12 Prozent des Tagesbedarfs an Vitamin B_6 gedeckt.
Obst und Gemüse enthalten in reichem Maße Vitamine. Besonders der von Hildegard so hoch gelobte Fenchel ist eine »Vitaminbombe«. Zusammen mit anderen Gemüse- und Obstarten kann also der tägliche Vitaminbedarf leicht gedeckt werden.

in 100 g frischer Ware	Beta-Karotin in µg	Vitamin C in mg	Vitamin E in µg
Fenchel	4700	93	–
Feldsalat	3900	35	600
Mangold	3530	40	–
Möhren	11100	7	465
Petersilie	4510	166	3700
Spinat	4690	52	1370
Apfelsine	87	50	320
Honigmelone	4730	32	1900
schwarze Johannisbeere	81	177	1900
Brokkoli	870	155	6820

Thiocyanat – ein Wirkstoff aus der Natur gegen Krebs

Die Tatsache, daß Naturvölker auffallend wenig an Krebs erkranken und der Krebs bei Wildtieren eine Seltenheit ist, hat einige Forscher veranlaßt, die Ernährungsgewohnheiten dieser Menschen und Tiere zu studieren und die Inhaltsstoffe zu isolieren, die vor Krebs schützen. Dabei entdeckte man, daß im Blut von Schafen und Wildtieren wie Damm-, Rot- und Rehwild, die sich ausschließlich von Gräsern ernähren, ein universaler Schutzstoff zu finden ist, der nur aus drei Atomen besteht – SCN (Schwefel, Kohlenstoff und Stickstoff) – und Thiocyanat (oder Rhodanid) genannt wird. Dieses Thiocyanat entsteht in der Natur aus einer Vorstufe von Blausäure mit Zucker (Cyanoglycosid), wo-

bei die Blausäure nur in gebundener Form und nicht in freier giftiger Form in über 1500 Pflanzen von 150 Arten in der Natur vorkommt.
Aufgrund ihrer schützenden Wirkung vor Krebs wurden die Cyanoglycoside von einigen Forschern als »antineoplastisches Vitamin 17« benannt. Durch die Nahrungsaufnahme geraten die Cyanoglycoside in den Organismus, wo sie mit einem Schwefelatom zu Thiocyanat verknüpft werden. Thiocyanat wurde von Professor W. Weuffen (Universität Greifswald) als Universalheilmittel erkannt und in fast allen Körperflüssigkeiten nachgewiesen, wo es für die Infektabwehr zuständig ist:

- in der Tränenflüssigkeit – um sich nicht dauernd an Luftkeimen zu entzünden
- im Nasensekret – als Schutz vor Viren und Bakterien
- im Speichel – gegen Infektionen durch Lebensmittel
- im Serum – bei Infektionen und Abwehrreaktionen
- in der Muttermilch – um das Baby gegen Infektionen in den ersten Tagen auf natürliche Art und Weise zu schützen

Neuerdings gelang es Professor Weuffen, auch im Dinkel und seinen Produkten Thiocyanat nachzuweisen.

- Thiocyanat dichtet die Membranen weitgehend ab, so daß Krebserreger die Zellwände nicht passieren können.
- Thiocyanat fördert das Wachstum der blutbildenden Zellen, der Zellen, die für die Immunabwehr zuständig sind, das Wachstum von Keimzellen sowie Reparaturvorgänge bei der Wundheilung.
- Thiocyanat regt das Immunsystem an, gegen Krebszellen vorzugehen. Es aktiviert dazu die Freßzellen.
- Thiocyanat schützt vor Erbschäden oder Schäden, die während der Schwangerschaft auftreten können.

- Thiocyanat unterstützt die Leber bei der Entgiftung.
- Thiocyanat ist ein Stoff, der den Körper vor Nahrungsmittelallergien schützen kann.

Dinkel – das Heilmittel Nummer eins in der Tumortherapie

Spätestens an dieser Stelle können wir verstehen, warum Hildegard den Dinkel als bestes Getreide bezeichnet und wir den Dinkel als Universalheilmittel einsetzen. Zu 90 Prozent ist er an all unseren Heilerfolgen beteiligt.

- Dinkel hat wachstumsfördernde Eigenschaften. Einsatzgebiet: Säuglings- und Kleinkinderernährung, Sportlerdiät.
- Dinkel ist entzündungshemmend bei Magen-Darm-Leiden (Colitis ulcerosa, Morbus Crohn, Ulkus, Magen- und Darmgeschwüren), inneren Entzündungen, traumatischen Erkrankungen mit Arthritis.
- Dinkel stimuliert die Abwehrkraft und ist wirksam bei der Bekämpfung von Präkanzerose, Krebs, Multipler Sklerose und AIDS sowie anderen Immunschwächekrankheiten.
- Dinkel hat antiallergische Eigenschaften. Er lindert und heilt Lebensmittelallergien, Zöliakie und Sprue, Neurodermitis, Arzneimittelschäden.

Eine konsequente Dinkelernährung versorgt den Körper mit der notwendigen Menge Thiocyanat. Bei einer Kost aus Konservengerichten, Auszugsmehl und Zuckerwaren kommt es zu einem Thiocyanat-Mangel.
Dinkel ist kein Weizen, sondern gehört zur Familie der Spelzgetreide. Die diätetischen Eigenschaften von Dinkel

bei der Behandlung von chronischen Krankheiten wurden von Vertretern der Hildegard-Heilkunde in den letzten 30 Jahren systematisch untersucht. Die praxisbezogenen Erfolge mit dem Dinkel sind eindeutig auf die konsequente Umstellung von Weizen auf Dinkel zurückzuführen.
Nur ganz wenige Lebensmittel wurden von Hildegard von Bingen ähnlich hoch geschätzt: »Dinkel ist das beste Getreide, es wirkt wärmend und fettend, ist hochwertig und gelinder als alle anderen Getreidekörner. Wer Dinkel ißt, bildet gutes Muskelfleisch. Dinkel führt zu einem rechten Blutbild, gibt ein aufgelockertes Gemüt und die Gabe des Frohsinns. Wie immer zubereitet Sie Dinkel essen – so oder so – als Brot oder eine andere Speise gekocht, Dinkel ist mit einem Wort gut und leicht verdaulich.«
Die konsequente Anwendung von Dinkel als Basisdiät eignet sich bei der Behandlung der Vichtkrankheit (Präkanzerose) genauso wie nach einer erfolgten Krebsoperation. Wir empfehlen fast jedem unserer Patienten, dreimal täglich Dinkel in irgendeiner Form zu sich zu nehmen:

- *morgens:* Dinkelhabermus, Dinkelkaffee
- *mittags:* Dinkelreis
  Dinkelkernotto (geschälter Dinkel)
  Dinkelnudeln
  Dinkelspätzle
  Dinkelgrießsuppe mit Gemüse
  Kopfsalat mit Dinkelkörnern
- *abends:* Dinkelbrot oder Dinkelschrotsuppe

Bisher wurde noch keine Dinkelunverträglichkeit, insbesondere keine Dinkelallergie beobachtet – ein besonders wichtiger Vorteil gegenüber dem Weizen, von dem die Weizen-(Gluten-)Allergie (Zöliakie/Sprue) bekannt ist.

Dinkel hat gleichzeitig eine große ökologische Bedeutung, denn Dinkel benötigt zum optimalen Wachstum weder die chemischen Düngemittel noch Pestizide, Insektizide oder Halmverkürzer. Und auf der anderen Seite ist der Dinkel durch seine Spelzhülle vor radioaktivem »Fall-out« geschützt. Wie wir nach der Tschernobylkatastrophe 1986 zeigen konnten, war der Dinkel durch seine Spelzhülle zehnmal weniger radioaktiv belastet als der Weizen.
Die Spelzen schützen den Dinkel aber auch vor Pilzen, den sogenannten Fusarien (Schimmelpilze), die die Getreidekörner befallen. Sie bilden gefährliche Toxine, die bei Tieren und Menschen zu Fehlgeburten, Mißgeburten und Unfruchtbarkeit führen.
Von ganz wenigen Ausnahmen abgesehen, hat die Dinkelkost bei 10 000 Patienten niemals Allergien ausgelöst. Ganz im Gegenteil: Der *reine* Dinkel ist das erfolgreichste Heilmittel bei Lebensmittelallergien und allergischen Erkrankungen wie Milchschorf, Heuschnupfen, Polyarthritis, Kolitis, Neurodermitis, Asthma, Morbus Crohn, Zöliakie oder Sprue, einer Weizengluten-Allergie. Aber nur, wenn der Dinkel keinen Weizenanteil enthält! Bei den wenigen Ausnahmefällen, die den Therapeuten am meisten interessieren, weil es die »Sorgenkinder« sind, war entweder eine psychische Blockade gegen Dinkel oder ein mit Weizen vermischter Dinkel die Ursache.
Die Firma Jura hat für den biologisch angebauten Dinkel eine Schutzmarke »Dinkel nach Dr. Hertzka« herausgebracht, die alle Hersteller für Dinkelprodukte erhalten können, wenn sie sich freiwillig einer staatlichen Qualitätskontrolle unterziehen und sich nachweislich keine Schadstoffe in ihrem Dinkel befinden. Da in den letzten 100 Jahren auch wegen Ertragssteigerungen Weizen in den Dinkel hineinge-

züchtet wurde, empfehlen wir nur alte oder neue durch Mendelsche Gesetze zurückgezüchtete Dinkelsorten, in denen sich kein oder nur ein sehr geringer Weizenanteil befindet. Dazu gehören die Marken:

- Ostro
- Oberkulmer
- Malsteiner
- Steiners Roter Tiroler
- Frankenkorn: Altgold x Rouquin x Altgold
- Altgold: Oberkulmer x Sandmeier
- Oberkulmer Rotkorn: Synonym Oberkulmer, Auslese aus Schweizer Landsorte 1948
- Steiners Roter Tiroler: Auslese aus Hohenheimer Material
- Schwabenkorn

Patientenbericht

Der nachfolgende Bericht des Krebspatienten, dem man vor acht Jahren den Magen entfernen mußte, zeigt, wie wohltuend die Hildegard-Ernährung wirkt:

»Meine Frau hatte sich schon nach kurzer Einarbeitungszeit voll auf mehrere Hildegard-Rezepte eingestellt, nach und nach kamen andere hinzu. Das Erstaunliche: Es war nichts darunter, was mir wegen des fehlenden Magens nicht bekommen wäre. Im Gegenteil, mein Körper verlangte nach solch einer Kost, und dementsprechend war bald eine wohltuende Kräftigung an mir feststellbar. Ich mochte die Gerichte nicht mehr missen. Einbildung? Wohl kaum, denn sonst hätten wir beide, meine Frau und ich, nicht bis zum heutigen Tag durchgehalten. Es wurde für mich nie eigens gekocht, meine Frau stand viel zu sehr hinter der Ernährung, weil wir sie als schmackhaft, bekömmlich und stärkend empfanden. Wenn unsere Kinder und Enkelkinder an unseren Mahlzeiten teilnahmen, hatten sie sich im großen und ganzen auf unseren Speiseplan schon eingestellt. Niemandem fiel das nach kurzer Gewöhnungszeit schwer. Mit Erstaunen sahen wir, wie gerade die Enkelkinder nach der Hildegard-Küche verlangten. Geradezu ein Renner wurde das von unserem Frühstückstisch nicht mehr wegzudenkende Habermus.«

◆ *Rezept: Dinkel-Habermus*

pro Person:
2 Tassen Wasser
1 knappe Tasse Dinkelschrot, Dinkelkörner oder Dinkelflocken
1 kleingeschnittener Apfel
je 1 Msp. Galgant, Bertram und Zimt
1 TL gehackte Mandeln
1–2 TL Honig

Den Dinkelschrot in das Wasser einrühren, unter Umrühren 5 Minuten vorsichtig aufkochen. Anschließend bei kleiner Hitze etwa 10 Minuten quellen lassen. Dabei den kleingeschnittenen Apfel, die Gewürze und den Honig einrühren, nochmals kurz aufkochen und mit Zimt bestreut servieren.
Nach einem anderen Rezept kommt noch ein Teelöffel Flohsamen darüber, ferner der Saft einer halben Zitrone, Diabetiker sollten sich das Mus mit gekochten Dinkelkörnern zubereiten und anstelle von Honig einen halben Teelöffel Fruchtzucker verwenden.

Fortsetzung des Patientenberichts

»Da ich aufgrund meines fehlenden Magens häufig am Tag fünf- bis sechsmal etwas zu mir nehmen muß, ist ein zweites Frühstück selbstverständlich. In der Anfangszeit (etwa ein bis zwei Jahre) bestand dies aus Dinkelbrot, Dinkelkaffee und Fencheltee, Quark und Käse. Wurst und Schinken hatten auf unserem Tisch nichts mehr zu suchen. Trotzdem haben wir diesen Brotbelag nicht vermißt. Es ist alles eine Frage der Gewöhnung.

Zum Mittagessen haben es uns vor allem die Dinkel-Quendel-Nudeln angetan. Schon nach kurzer Kochzeit können sie auf den Tisch gebracht werden. Die Nudeln, die mittags übrigbleiben, werden für die Abendmahlzeit aufgewärmt. Nudeln sind sehr gefragt bei uns, ohne daß dies zu einer Einseitigkeit führen würde. Gekochtes und gedünstetes Gemüse ergänzt die Mahlzeit getreu der Hildegard-Ernährungstherapie. Die Auswahl wird sorgfältig getroffen. Auf Fleisch zu verzichten stellt für uns keine Entbehrung mehr dar. Einmal pro Woche ist in der Regel ein Fischtag. Der Abend ist grundsätzlich fleischfrei. Wenn mittags Fleisch in kleinen Mengen auf den Tisch kommt, dann möglichst Geflügel, Lamm oder Wild. Da bei Hildegard alles einer göttlichen Ordnung unterliegt, halten wir uns an diese Ordnung und richten uns nicht nach unseren geschmacklichen Gelüsten. Suppen nehme ich seltener zu mir, um die Verweildauer der Nahrung im Körper zu verlängern. So ist es mir jedenfalls von den Ärzten angeraten worden. Der Empfehlung von Hildegard, ab und zu eine Dinkelgrießsuppe in den Speiseplan aufzunehmen, bin ich jedoch gerne gefolgt.

Aus den bisherigen Schilderungen ist unschwer zu erkennen, welche Bedeutung ich der Hildegard-Ernährungstherapie in meinem Aufbauprozeß beimesse. Ich lasse mich von der Überzeugung nicht abbringen, daß die Ausrichtung auf Hildegard, wie ich sie vollzogen habe, von nicht zu unterschätzender Wirkung auf meine Gesundheit gewesen ist.«

Weitere Patientenberichte
Die tumorhemmende und vitalisierende Wirkung von Dinkel ist von zahlreichen Krebspatienten bestätigt worden. Ein Beispiel ist der Patientenbericht einer 47jährigen Patientin. Ihr wurde 1988 ein 2,2 cm großer bösartiger Tumor aus der rechten Brust entfernt. Laut Aussage der Ärzte war jedoch eine zweite Operation notwendig. So wurden ein paar Tage später die ganze Brust und etwa 17 Lymphknoten entfernt, die teilweise ebenfalls von Krebszellen befallen waren. Eine Chemotherapie war nach Meinung der Ärzte dringend erforderlich.

»Mein ganzes Inneres sträubte sich bei dem Gedanken, eine ›Chemo‹ über mich ergehen zu lassen. Einer inneren Stimme gehorchend, verließ ich das Krankenhaus ohne Chemotherapie. Durch Zufall lernte ich die Hildegard-Heilkunde kennen und machte unter anderem auch eine konsequente Dinkelkur (dreimal täglich Dinkel). Mir ging es von Tag zu Tag besser, und ich spürte, daß ich auf dem richtigen Weg war ... Es sind in der Zwischenzeit sechs Jahre vergangen, und ich erfreue mich bester Gesundheit. In dieser Zeit wurde ich zweimal jährlich von verschiedenen Ärzten untersucht. Die Befunde waren immer gut. Ich besuchte lange eine Selbsthilfegruppe, die mir sehr gut tat. Leider sind von den Frauen trotz ›Chemo‹ fünf nicht mehr am Leben.«

Anmerkung: Nach drei bis sechs Jahren kann es durch die Chemotherapie zu Zweittumorbildungen kommen, oft mit extrem ungünstigem Verlauf.

»Im April 1981 wurde ich mit einem Darmverschluß ins Krankenhaus eingeliefert, wo man einen Tumor am Darm feststellte und eine Operation notwendig wurde. Anschließend wurde ich alle sechs Monate untersucht, aber Negatives wurde nicht festgestellt.

An einem Morgen im Mai 1984 bekam ich ein Zittern im Gesicht und war vollkommen entstellt. Ich wurde sofort ins Krankenhaus gebracht, wo man in der neurologischen Abteilung einen Tumor in der rechten Schädelseite oberhalb des Ohres feststellte. Metastasen hatten sich vom Darm gelöst und im Kopf festgesetzt. Nach Operation des Tumors kam ich zur Rehabilitationskur nach Oberstaufen. Dort bekam ich erneut denselben Anfall. Im Krankenhaus wurde ein weiterer Tumor im Kopf festgestellt. Meine Hoffnung auf ein Weiterleben war nach der Operation auf dem Nullpunkt. Ich hatte mit meinem Leben abgeschlossen.

Da besuchte mich Pater B. Ich erfuhr vom »Dinkel-Programm« und Hildegard von Bingen. Ich habe mich dieser Therapie voll verschrieben. Aus dem Buch *Küchengeheimnisse der Hildegard von Bingen* erfuhr ich, was ich in bezug auf Essen und Trinken im Leben falsch gemacht hatte. Dinkel und der Glaube an seine Wirksamkeit haben mir geholfen, daß ich noch lebe und Freude am Leben habe.«

»Nach langen Schmerzen im Oberarm und falscher Therapie wurde mir im Juli die Diagnose Plasmozytom gestellt. Es war schon so ausgeprägt, daß ich eine Spontanfraktur im Oberarm hatte. Ich kam sofort ins Krankenhaus und wurde mit einer Chemotherapie und der höchsten Dosis Cortison behandelt. Nach Rücksprache begann ich eine Kur mit dem Wasserlinsenelixier. Bei den Blutbildkontrollen wunderten sich die Ärzte jedesmal über meine guten Werte! Auch fielen die Nebenwirkungen der Chemotherapie bei mir nur sehr gering aus. Der Haarausfall beschränkte sich nur auf wenige Haare, leicht übel wurde mir nur nach der ersten Chemotherapie. Ansonsten begleitete mich ständig ein guter Appetit! Gleichzeitig wurde ich noch mit 20 Bestrahlun-

gen therapiert, die entstandenen Hautläsionen heilten sehr schnell dank Schafgarbe und Veilchensalbe.
Ich hätte die medizinische Behandlung am liebsten abgebrochen, weil ich mein gutes Befinden nur der Hildegard-Medizin und dem Gebet meiner Angehörigen zuschrieb. Leider haben die Mediziner nur wenig Verständnis für Alternativen. Sie machen einem noch angst, daß die Krankenkassen bei Abbruch einer Therapie nichts mehr zahlen. Als ich Ende November zur Abschlußuntersuchung war – es wurde noch mal eine Knochenmarkspunktion gemacht –, sprachen alle Ärzte, sogar der Professor, ihr Erstaunen über meine Genesung aus.
Ich wies dabei noch mal auf die Hildegard-Medizin hin, fand aber kein offenes Ohr dafür.«

- Die Fernsehköchin Katharina Ruegg berichtete von einem ganz speziellen Therapieerfolg: An einem Pfötchen ihres Hundes hatte sich ein Tumor gebildet. Nach mehreren Behandlungen beim Tierarzt meinte dieser, er könne nichts mehr für das Tier tun, als das Pfötchen abzunehmen. Frau Ruegg konnte sich dazu nicht entschließen. Da kam ihr ein guter Gedanke. Sie fütterte ihren Liebling zehn Wochen lang mit Dinkel – und siehe da: Der Tumor ging zurück. Der Hund läuft heute wie in seinen guten Zeiten. Es hat sich kein neues Geschwür gebildet. Dieser Hund ist wieder kerngesund!
- »Ich bin eine 80jährige Caritas-Schwester. Im August hat man eine bösartige Krebsgeschwulst in meinem Magen festgestellt. Die Ärzte rieten zu einer Operation. Damit war ich aber nicht einverstanden. Ich nahm abends das St.-Hildegardis-Buch zur Hand und fand das Wasserlinsenelixier und auch das Magenelixier.

Ich hatte viele Jahre hindurch nachts oft so starkes Sodbrennen mit endlosem Erbrechen und Herzschmerzen. Wenn dann der Arzt kam, bekam ich eine Vomex-A-Spritze. Durch das Buch von der hl. Hildegard habe ich mich selbst davon kuriert, nämlich mit der Dinkelkost. Morgens esse ich regelmäßig Habermus, mittags oft Dinkelreis und abends die Mehlsuppe. Inzwischen bekomme ich auch aus der Heimat Dinkelbrot. Ich habe schon lange nachts kein Sodbrennen mehr, fast nie mehr Erbrechen, und die Herzanfälle kommen nur noch ganz selten. Wenn ich dann eine Galganttablette nehme, ist das schnell wieder gut. Ich weiß, daß ich schon bald sterben muß. Ich bin auch voll und ganz einverstanden, wenn mich der liebe Gott holt. 55 Jahre in der ambulanten Pflege – damit habe ich ein erfülltes Leben gehabt, und im Beruf war ich glücklich.«

Die Heilkräfte in Weizen, Hafer, Roggen, Gerste

Hildegard beschreibt auch die vier anderen herkömmlichen Getreidearten: Weizen, Hafer, Roggen und Gerste. Bereits vor 850 Jahren nimmt sie in ihren Hinweisen auf den Weizen die gesamte Reformbewegung für die Vollwerternährung voraus:

»Der Weizen erwärmt den Menschen und ist so vollwertig, daß er keine Zusatzstoffe braucht. Wenn man das richtige Weizenmehl aus dem ganzen Korn herstellt, wirkt das Brot aus diesem Vollkornmehl für Gesunde und Kranke nur gut und führt den Menschen zu rechtem Muskelfleisch und rechtem Blut. Weizenweißmehl und seine Produkte wie Brötchen, Nudeln oder Kuchen lösen Krankheiten aus und schwächen den Menschen. Wenn der Müller dagegen den Grieß der Weizenkörner aussiebt und man aus diesem weißen Weizenmehl Brot oder Brötchen backt, wird dieses Gebäck auf den Menschen krank machender und schwächender wirken als Vollkornmehl. Dieses Mehl hat nämlich seinen Weizenwert verloren und bewirkt im Menschen weit mehr Verschleimung (Bronchitis und Katarrh) als das richtige Weizenvollkornmehl.« (PL 1129 A)

Gekochte Weizenprodukte verschleimen, ganz gleich, ob sie aus Weiß- oder Vollkornmehl oder Grieß hergestellt werden, denn: »Wer dagegen die Weizenkörner kocht und sie wie eine andere Speise essen will, der wird dadurch weder rechtes Fleisch noch rechtes Blut, sondern höchstens eine starke Verschleimung erhalten, weil eine solche Speise kaum verdaut werden kann.«

Hafer wirkt fast so gut wie Dinkel, weil er Frohsinn und Gesundheit fördert. Kranke Personen sollten jedoch keinen Hafer essen, weil er zu Verstopfungen führen kann.

Roggen ist ein Schlankmacher für die Dicken, weil mit Roggen die Pfunde purzeln. Dünne, schlecht durchblutete Personen – besonders jene mit Gastritis – können Roggen nicht gut verdauen.

Die berühmte Berner Gerstensuppe taugt weder für Gesunde noch Kranke, da Gerstengetreide eine auskühlende Wirkung hat. Gerste als Brot oder Suppe gegessen, schwächt gesunde und vor allem ausgekühlte kreislaufschwache Menschen, denn die Gerste hat nicht die Heilkräfte der anderen Getreidearten.

In flüssiger Form ist Gerste als Bier allerdings gut bekömmlich, weil »Bier die Muskelpartien des Menschen wachsen läßt und es wegen der Stärke und Güte des Gerstensaftes eine schöne Gesichtsfarbe macht«. Dasselbe trifft auch auf Dinkelbier zu. Es ist ein gutes Kräftigungsmittel für alle Kranken und Gesunden.

Die Heilkräfte im Gemüse

Hildegard hat in ihrem Buch *Physica* alles beschrieben, was es damals auf dem Markt zu kaufen gab. Dazu gehören die alten Gemüsearten, auch der Kohl, den sie wegen der blähenden Wirkung jedoch nicht empfiehlt. Folgenden Gemüsearten gibt sie den Vorzug:

Edelkastanien

Die Edelkastanie wird von Hildegard bei jeglicher Art von Schwächezustand, also auch bei Abwehrschwäche wie zum Beispiel Krebs, AIDS, Lyme-Krankheit, empfohlen.

»Der Kastanienbaum ist sehr warm und hat aufgrund seiner Wärme eine große Lebenskraft (*virtus* = Tugendkraft), da er die *Discretio* (das rechte Maß, die Mitte, das Firmament) symbolisiert, und alles, was in ihm ist, und auch seine Frucht, ist nützlich gegen jede Schwäche, die im Menschen ist.«

Damit kommt der Edelkastanie eine Schlüsselrolle für die Gesundheit von Körper und Seele zu. Aufgrund ihrer Inhaltsstoffe und der gespeicherten Sonnenergie ist sie in der Lage, den Menschen so vollständig und harmonisch zu ernähren, daß er seine Ausstrahlung und Widerstandskraft zurückerhält. Zudem hilft sie der Leber, wieder gesund zu werden und dadurch den Menschen ins rechte Maß zu bringen. Die Edelkastanien haben sich bei allen auszehrenden Krankheitszuständen wie zum Beispiel Krebs und AIDS bestens bewährt. Ein entkräfteter, bettlägeriger AIDS-Patient hat dadurch, daß er täglich Edelkastanien aß, innerhalb von vier Wochen wieder 18 kg zugenommen. Er konnte das Krankenhaus verlassen und geht heute wieder seiner Arbeit nach. Das Krankheitsgefühl ist weg, solange er Edelkastanien zu sich nimmt.

Edelkastanien wurden besonders im südeuropäischen Raum bis zur Barockzeit als wichtigste Kohlenhydratquelle gegessen. Später wurden sie durch die Kartoffel verdrängt, die aber – wie auch alle anderen Nachtschattengewächse (Tomaten, Auberginen und Paprika) – eine psychotrope Wirkung auf das Nervensystem ausübt.
Besonders wertvoll ist die regenerierende Wirkung der Edelkastanie auf die Leber: »Wenn die Leber schmerzt, zerstoße Edelkastanienkerne, und lege sie in Honig (3 EL auf 100 g Honig), und diesen Honig esse oft, und deine Leber wird geheilt.«
Die Maronen – die gerösteten Edelkastanien – sind ein wichtiges Heilmittel für die Milz: »Wer an Milzschmerzen leidet, röste diese Kerne oft im Feuer, esse sie oft mäßig warm, und seine Milz wird warm und strebt nach völliger Gesundheit.« Die Milz ist das wichtigste Abwehrorgan des Menschen. Nach Hildegard hat sie darüber hinaus die Funktion, das Herz zu entgiften. Besonders unter Rohkost kann die Milz leiden, sich vergrößern, entzünden und Herzschmerzen auslösen. Besonders bewährt haben sich die Edelkastanien neben dem Dinkel bei der Leukämie: Bei Dinkel- und Edelkastanienkost fällt die Leukozytenzahl, und bei Verzehr von Nachtschattengewächsen (Kartoffeln, Tomaten, Paprika, Auberginen) steigt die Leukozytenzahl krankhaft an.
Wer sein Nervensystem stärken will, um sein Gedächtnis zu verbessern und sich vor Alzheimer-Krankheit zu schützen, sollte öfter gekochte Edelkastanie essen: »Ein Mensch, dem das Hirn durch Trockenheit leer ist und der daher im Kopf schwach wird, koche die Früchte in Wasser ohne Zusatz. Er soll sie oft vor und nach dem Essen nehmen, und sein Gehirn wächst und wird wieder gefüllt, und seine Nerven werden stark, und so wird das Kopfleiden weichen.«

Fenchel

Fenchel ist in jeder Form (Fencheltee, Fenchelgemüse, Fencheltabletten) eines der wichtigsten Heilmittel für den Menschen. In der Hildegard-Heilkunde ist er das Universalheilmittel gegen Übersäuerung und Schwarzgalle, da er viele Mineralstoffe enthält, die die Säuren neutralisieren. Fenchel räumt mit den Fäulnisstoffen im Darm auf, weshalb er auch als Carminativum (Reinigungsmittel) bezeichnet wird. Seine krampflösenden Eigenschaften sorgen dafür, daß sich Blähungen lösen. Daher wird er in der Kinderheilkunde nicht nur bei Krämpfen angewendet, sondern besonders auch bei Magen-Darm-Koliken.

Hildegard beschreibt in ihrer einfachen Sprache deutlich, was von der modernen Phytotherapie bestätigt wird: »Und wie auch immer Fenchel gegessen wird, macht er den Menschen fröhlich, vermittelt ihm angenehme Wärme (gute Durchblutung), guten Schweiß und gute Verdauung ... Denn wer Fenchel oder seine Samen täglich nüchtern ißt (Fencheltabletten), vermindert den üblen Schleim oder die Fäulnis in ihm, und er unterdrückt den üblen Geruch seines Atems.« (PL 1156 C)

Fenchel enthält sehr viele Vitamine, besonders reichlich Vitamin C, das in der Lage ist, die krebsauslösenden freien Radikalen zu beseitigen.

Bohnen

Neben dem Dinkel stehen die Bohnen physiologisch gesehen an oberster Stelle in der Hildegard-Küche. Bohnen gehören zu den preiswertesten und wohlschmeckendsten pflanzlichen Eiweißquellen. Sie haben 20–25 Prozent pflanzliches Eiweiß, das gut verstoffwechselt wird. In der Kombination von Dinkel und Bohnen finden wir alle le-

bensnotwendigen Eiweiße, so daß diese Gerichte eine wertvolle Alternative zum tierischen Eiweiß darstellen, das ja bekanntlich das Tumorwachstum begünstigt.
»Die Bohnen haben einen erwärmenden Stoff und sind eine gute Speise für gesunde und kräftige Menschen. Weit nützlicher als die Erbsen, können auch Kranke Bohnen essen und werden davon kaum etwas zu leiden haben, weil Bohnen in ihnen nicht soviel Schleim entstehen lassen wie die Erbsen.«

Kichererbsen

Wie die orientalische Küche verwendet auch die Hildegard-Küche mit Vorliebe Kichererbsenpürre.
Hildegard lobt die gute Bekömmlichkeit und die fiebersenkende Wirkung der Kichererbsen: »Die Kichererbse ist warm und angenehm und leicht zu essen, und sie vermehrt nicht ihrem Esser die üblichen Säfte. Wer Fieber hat, brate die Kichererbsen über frischen Kohlen und esse sie, und er wird geheilt werden.« (PL 1201 D)

Rote Rübe/Rote Bete

Bei Hildegard steht nicht ausdrücklich etwas von roten Rüben (rote Bete). Aufgrund ihres Heilwertes können alle Rüben verwendet werden, auch gelbe Mohrrüben oder weiße Teltower Rübchen. Bei Patienten mit Hautleiden haben wir mit roten Rüben oder roter Bete die besten Erfahrungen gemacht. Hier setzen wir Rote-Rüben-Salat mit Quendel ein, um die Hautdurchblutung zu verbessern. Während die Mohrrübe sehr viel Beta-Karotin enthält, finden wir in der roten Bete den Farbstoff Anthocyan, das sogenannte Vitamin P. Beide sind in der Lage, als Antioxidanzien freie Radikale einzufangen.

»Wenn sich aber irgendwann einmal der Körpersaft zu Geschwürsbildung in der Haut erhebt, dann soll der Kranke Rüben essen, und das Geschwür wird vernichtet.« (PL 1164 B)

Kürbis

Kürbisse können zu einer schmackhaften Kürbissuppe, zu Kürbiskuchen oder Kürbisgemüse verarbeitet werden. Zu den Kürbissen gehören auch die Zucchini sowie die amerikanischen Squash-Sorten (Winter- und Sommersquash). Der Farbstoff Orange der Kürbisse weist auf das Provitamin A, das Beta-Karotin, hin, das der Krebsentstehung entgegenwirkt, indem es freie Radikale beseitigt.
Bei Hildegard steht geschrieben: »Kürbisse sind trocken und kalt. Dennoch haben sie ihr Wachstum aus der Luft. Sie sind zum Essen gut, sowohl für die Kranken wie auch für die Gesunden.« (PL 1164 B)

Sellerie

Das Wurzelgemüse Sellerie ist aufgrund seines reichen Mineralstoffgehaltes und seiner kreislaufanregenden Öle sehr gesund.
Selleriesamen-Pulvermischung wird gegen Rheuma, Arthritis und Gichtschmerzen sowie zur Senkung von Harnsäure eingesetzt.
»Sellerie hat mehr eine grüne Natur als eine trockene und hat viel Saftiges in sich. Roh taugt sie nicht zu essen, weil es im Menschen schlechte Säfte bereitet. Gekochte Sellerie schadet dem Menschen nicht, sondern macht ihm vielmehr gesunde Säfte.«

Zwiebel

Obwohl Zwiebeln in keinem Essen fehlen sollten, können sie von Magenkranken nicht vertragen werden, weil sie Blähungen, Bauchschmerzen und Aufstoßen verursachen können. So wird die Zwiebelsuppe von uns vielfach als »Testsuppe« angesehen, um derartige Leiden zu entdecken. Zwiebeln haben eine natürliche Wirkung gegen Bakterien, Viren und Pilze, was auf schwefelhaltige Substanzen sowie auf das Antibiotikum Phytocit zurückzuführen ist.
»Roh gegessen, ist die Zwiebel so schädlich und giftig wie der Saft von Unkräutern; gekocht ist sie gesund, weil durch die Feuerhitze die in ihr vorhandenen Schädlichkeiten gemindert werden. Für solche, die an Schüttelfrost leiden oder Fieber oder Gicht haben, ist sie gekocht besonders gut. Den Magenkranken macht sie roh wie auch gekocht Schmerzen, weil sie zu feucht ist.« (PL 1163 BC)

Knoblauch

»Für Gesunde und Kranke ist er gesünder zu essen als der Porree. Man muß ihn roh essen, weil er beim Kochen fast wie verdorbener Wein wirkt. Denn sein Saft ist wohl abgestimmt, und er hat die rechte Wärme. Den Augen schadet er nicht, auch wenn von seiner Wärme die Bindehaut ums Auge stark gereizt wird. Nachher werden sie nämlich klar. Doch soll man maßvoll Knoblauch essen, damit er das Blut des Menschen nicht zu sehr erhitzt. Wenn Knoblauch alt geworden ist, dann verschwindet seine gesunde und rechte Feuchtigkeit, aber er kommt dann wieder zu Kräften, wenn er von anderen Speisen wieder ins rechte Maß gebracht wird.«
Knoblauch hilft bei Verdauungsstörungen, Blähungen, Durchfall und chronischen Verstopfungen, da er in der Lage ist, die normale Darmflora wiederherzustellen. Ganz be-

sonders interessant ist die cholesterinsenkende Wirkung des frischen Knoblauchs. Die Wirksamkeit des Knoblauchs zur Infektabwehr, bei Wundheilungsstörungen und bei der Tumorbehandlung basiert auf seinen schwefelhaltigen Inhaltsstoffen Allicin und Alliin. Diese Wirkstoffe stimulieren das körpereigene Abwehrsystem, so daß Viren, Bakterien und Pilze vernichtet werden. Knoblauch schützt die Zellmembranen und das Erbgut vor Zerstörung durch Umweltgifte und regt in der Leber die Bildung eines Entgiftungsenzyms an, mit dem Toxine (Erregergifte) und Karzinogene (Krebsstoffe) aus dem Körper entfernt werden.

Pastinake

Die dicken weißen Wurzeln der Pastinaken sind ein schmackhaftes Wintergemüse. Wahrscheinlich sind die Pastinaken gemeint, wenn Hildegard von Moorkraut spricht: »Moorkraut ist kalt und eine Erfrischung für den Menschen.« (PL 1189 B)

Meerrettich

Meerrettich enthält das scharf schmeckende natürliche Antibiotikum Allyl-Isothiocyanat, das gegen Viren, Bakterien und Pilze wirksam ist. In der kaltnassen Jahreszeit bietet eine Mischung aus geriebenen Meerrettichwurzeln mit Galgantpulver (im Verhältnis 1 : 1) wirksamen Schutz vor Virusgrippe mit Husten, Schnupfen und Heiserkeit.
»Der frische grüne Meerrettich im März ist für gesunde und kräftige Menschen gesund zu essen, weil er dann in ihnen die Lebenskraft der guten Säfte kräftigt. Ein magerer und dürrer Mensch, der Meerrettich essen will, esse davon nur wenig, denn wenn er zuviel davon äße, würde er darunter leiden, weil er nur beschränkte Kräfte in sich hat.«

Kopfsalat

Kein Mittagessen ohne Kopfsalat. Besonders der Kopfsalat mit daruntergemischten butterweich gekochten Dinkelkörnern ist ein Universalmittel gegen Verdauungsschwäche, Verstopfung und Durchblutungsstörungen des Gehirns. »Der Gartensalat, den man essen kann, hat ein ganz frostiges Prinzip. Unzubereitet gegessen, macht sein zu nichts tauglicher Saft das menschliche Gehirn leer und erfüllt den Magen-Darm mit Krankheitsmaterialien. Wenn also einer Salat essen will, soll er die Blätter zuerst mit Dill oder Essig oder Knoblauch abschmecken, so daß der Salat nur kurz vor dem Gegessenwerden Zeit hat, sich mit diesen Gewürzstoffen zu durchtränken. Ißt man ihn so zubereitet, dann stärkt er das Gehirn und macht eine gute Verdauung.«

Die Heilkräfte im Obst

Apfel

»An apple a day, keeps the doctor away – Wer täglich einen Apfel ißt, braucht keinen Arzt«, sagen die Amerikaner. Die positive Wirkung von Äpfeln geht auf den Quellstoff Pektin zurück, der das Sättigungsgefühl steigert, die Magenentleerung verzögert und im Darm Gallensäure aufsaugt, um sie auf natürliche Weise zu entfernen. Dadurch sinken im gleichen Maße auch der Cholesterinspiegel und der Sexualhormonspiegel, deren Anstieg für die hormonauslösenden Tumore der Brust, des Darmes und der Prostata verantwortlich ist. Die wertvollen Säuren verleihen dem Apfel seinen erfrischenden, aromatischen Geschmack und fördern den Speichelfluß und die Verdauung. Äpfel kann man auch roh essen, denn sie sind bereits in der Natur »vorgekocht«.

»Die erquickenden Äpfel wachsen vom Tau, dessen Wirkung sich vom ersten Schlaf der Nacht bis gegen die Morgendämmerung erstreckt. Weil sie von einem kraftvollen Tau schon gekocht wurden, sind sie auch roh von einem gesunden Menschen gut zu essen.« (PL 1217 C)
Gekochte oder gedünstete Äpfel sind für Gesunde und Kranke leicht bekömmlich. Darum wird beim Fastenbrechen auch ein Bratapfel gereicht. Gedünstete Äpfel verhindern das Wachstum von krank machenden Darmbakterien, die zu Durchfallerkrankungen führen können. Daher wird Apfelmus in der Durchfall- und Fiebertherapie erfolgreich eingesetzt.

Birne

Rohe Birnen sind nicht gut bekömmlich, weil »ihre Wachstumskräfte nur von dem Tau empfangen werden, dessen Kraft bei Tagesanbruch bereits dahingeschwunden ist. Deshalb verursachen Birnen im Menschen schädliche Säfte, wenn sie nicht vorher gekocht werden, eben weil sie bereits aus dem zerrinnenden Tau wachsen. Wer daher Birnen essen will, koche sie in Wasser oder dörre sie am Feuer (Kletzenbirnen). Gekocht sind sie noch gesünder als gedörrt, weil das heiße Wasser den in ihnen enthaltenen schädlichen Saftstoff ganz allmählich gar kocht, während das Feuer zu abrupt wirkt … Auch gekochte Birnen liegen dem Esser schwer im Magen, weil sie alles Faulige in ihm aufsuchen, vermindern und auflösen, wobei sie ihm eine gute Verdauung bereiten und das Faulige mit sich aus dem Körper ausleiten. Äpfel dagegen verdauen sich leicht, aber sie führen bei der Verdauung die Fäulnis nicht mit sich heraus.« (PL 1218 C)
Die reinigende Wirkung der Birnen wird durch den Bär-

wurz-Birnen-Honig noch verstärkt. Mit dieser Kur kann eine Darmsanierung durchgeführt werden, um krank machende Darmbakterien auszuleiten. Diese Kur, beschreibt Hildegard, sei kostbarer als Gold, und wir haben bei Hunderten von Patienten damit eine Darmsanierung durchgeführt, die man »normalerweise« mit Nystatin oder Antimykotika durchführen müßte, die schwere gesundheitliche Nebenwirkungen haben.

Quitte

Quitten können von Gesunden und Kranken sowohl roh als auch gekocht gegessen werden. Sie haben sich hervorragend bei Rheuma und Gichtleiden bewährt, da sie den Harnsäurespiegel senken können.

»Der Quittenbaum ist eher kalt und kann mit der Schlauheit verglichen werden ... Seine Frucht ist warm und trokken und hat eine feine Ausgeglichenheit in sich, und wenn sie reif ist, verletzt sie – roh gegessen – weder den Kranken noch den Gesunden, gekocht und gedörrt aber hilft sie dem Kranken und dem Gesunden ... Wer vergichtet ist, esse fleißig die Quittenfrucht, gekocht oder gedörrt, und sie räumt mit dem Gichtstoff so gründlich in ihm auf, daß die Gicht sich weder auf sein Nervensystem schlägt, noch seine Gelenke zerstört oder auch angreift.« (PL 1220 C)

In der Tumortherapie wird die Quitte zur Anregung der Nierenfunktion eingesetzt, um Schlackenstoffe und krebsauslösende Gifte auszuscheiden. Da Quitten sehr eisenreich sind, wirken sie bei Anämie blutbildend.

Mispel

Die Mispel war im Mittelalter ein beliebter Obstbaum und im St. Galler Klosterplan durch Karl den Großen in jedem

Klostergarten vorgeschrieben. In den Mittelmeerländern wird die Mispel von den Italienern, Griechen und Türken sehr geschätzt. Dort heißt sie *nespoli, nespola* oder *nespolo*. Wir verwenden die Mispel bei Muskelschwäche, Muskelatrophie, amyotropher Lateralsklerose, weil – wie Hildegard schreibt – durch Mispelmus die Fleischpartien wieder wachsen. Auch in der Krebstherapie sind Mispeln geeignet, weil sie Kräfteverfall und Gewichtsverlust aufhalten.
»Die Frucht des Mispelbaumes ist für Gesunde und Kranke nützlich und gut, wieviel man auch davon ißt, weil sie dem Esser die Gewebe (das Muskelfleisch und die Muskelzellen) wachsen läßt und sein Blut reinigt.« (PL 1227 C)
Mispeln sind reich an wertvollen Gerbstoffen und Pektinen und haben den höchsten Vitamin-C-Gehalt von allen Früchten. Sie werden auch von Patienten mit empfindlichem Magen und Darm sehr gut vertragen und eignen sich bei der Behandlung von abgemagerten Menschen sowie Krebs- und AIDS-Patienten. Mispelschleim entfernt im Magen und Darm Fäulnis- und Schlackenstoffe und eignet sich daher besonders gut zur Behandlung von Neurodermitis.

Kirsche

Sowohl Süß- als auch Sauerkirschen enthalten den roten Fruchtfarbstoff der Flavonoide. Diese Gruppe gehört zum Vitamin P, dem Permeabilitätsvitamin, das bei brüchigen Gefäßen und der Wundheilung wirksam ist.
Gesunde und Kranke können Kirschen essen: »... Damit man von gegessenen Kirschen keine Beschwerden bekommt, trinke der Mensch sogleich danach einen Schluck guten Wein ...« (CC 235,5)

Kornelkirsche

Die Kornelkirsche (Hartriegel oder *Cornus mas*) ist eine weitverbreitete Heckenpflanze. Die knallroten Fruchtfarbstoffe stammen aus der Vitamin-P-Reihe und wirken schützend auf die entzündeten Schleimhäute des Verdauungsapparates. Aufgrund ihrer entzündungshemmenden und gefäßschützenden Eigenschaften normalisieren diese Farbstoffe die gesteigerte Gefäßbrüchigkeit bei Entzündungen der Mund- und Rachenschleimhaut und stimulieren die Wundheilung bei Gastritis und Magen-Darm-Geschwüren und wirken damit der Krebskrankheit entgegen.

»Die Kornelkirsche verletzt keinen Menschen, denn sie reinigt und stärkt den schwachen und gesunden Magen und fördert so die Gesundheit.« (PL 1240 C)

Himbeere

Auch die roten Himbeeren enthalten den wertvollen Fruchtfarbstoff aus der Vitamin-P-Reihe. Himbeeren regen mit ihrem leicht säuerlichen, erfrischenden Geschmack die Speichel- und Magensaftsekretion an.

»Die Himbeere ist kalt und brauchbar gegen Fieber. Wer nämlich Fieber hat und appetitlos ist, koche Himbeeren in ein wenig Wasser und lasse die Himbeeren in Wasser liegen und trinke so dieses Himbeerwasser morgens und zur Nacht und lege die in Wasser gekochte Pflanze auf den Magen während einer Stunde als Kompresse. Das soll er 3 Tage lang machen, und die Fieber werden weichen.« (PL 1192 B)

Himbeerwasser mit Galgant hat sich bei Kindern mit Fieber und bei Virusinfektionen ausgezeichnet bewährt. Es ist gleichzeitig ein Schutz vor der normalen Virusgrippe.

Brombeere
Brombeeren eignen sich zur Herstellung von Marmelade und sind dann eine gute fettfreie Alternative zu Butter oder Käse als Brotaufstrich. Ihr Farbstoff enthält das Vitamin P und schützt brüchige Gefäße.
»Die Brombeeren verletzen weder den gesunden noch kranken Menschen und werden leicht verdaut. Eine Heilwirkung ist aber nicht in ihnen zu finden.« (PL 1193 D)

Zitrone und Orange
Die süße Orange *(Citrus sinensis)* und die Zitrone *(Citrus limon)* werden bei Hildegard als »bontzider«-Baum beschrieben und beseitigen die Fieberstoffe. Wir wissen heute, daß die Wirkung von Zitrusfrüchten bei fieberhaften Zuständen auf das Vitamin C (Ascorbinsäure) zurückgeführt werden kann. Vitamin C ist an der Biosynthese der Nebennierenhormone beteiligt und hilft bei allen Streßzuständen, Infektionen, Verletzungen, Verbrennungen, bei Kälte und Blutverlusten sowie bei starken körperlichen und psychischen Belastungen.
Bereits vor 850 Jahren beschreibt Hildegard die fiebersenkenden Eigenschaften der Zitrusfrüchte: »Das Essen der Zitrusfrucht räumt im Menschen mit den Fieberstoffen auf.« (PL 1230)

Süße Mandel
Mandeln eignen sich für Patienten mit Nerven-, Lungen- und Leberleiden und sind Bestandteil des Habermuses zum Frühstück. Mandeln verbinden sich püriert sehr leicht mit Wasser zu Mandelmilch, die sich auch bei Nieren- und Harnwegsinfektionen bewährt hat.
»Aber wer ein leeres Gehirn hat und eine schlechte Ge-

sichtsfarbe und daher Kopfweh, esse oft Mandeln, und es füllt das Gehirn und gibt ihm die richtige Farbe. Auch wer lungenkrank ist und einen Leberschaden hat, esse oft die Mandeln roh oder gekocht, und sie bringen der Lunge Kräfte, weil sie den Menschen in keiner Weise belasten oder austrocknen, sondern ihn stärken.« (PL 1225 CD)

Die Heilkraft in Fischgerichten

Aufgrund ihrer Lebensweise unterscheidet Hildegard Fische, die gutes oder minderwertiges Fleisch haben.
»Fische, die sich hauptsächlich in der Mitte und in der Reinheit des Meeres und anderer Flüsse aufhalten und dort ihre Nahrung suchen, und dort finden sie auch gewisse, sehr gesunde Pflanzen ... von denen sie sich ernähren. Sie haben nämlich solche Gesundheit in sich, daß der Mensch, wenn er sie schöpfen kann, durch sie alle Krankheiten von sich austreiben könnte. Die Fische sind gesund zu essen.«
Dazu gehören die meisten Raubfische, zum Beispiel Dorsch, Gold- und Rotbarsch, Kabeljau, Renke, Hecht oder Zander.
Nur für Gesunde geeignet sind: Stör, Bachforelle, Koppe, Karpfen und Blaufelchen.
»Der Lachs hat gesünderes Fleisch als der Salm, das Gesunden gut zu essen ist, die Kranken aber etwas erschöpft.«
Lachs, der auf engstem Raum in Fischfarmen gemästet wird, hat jedoch kein gesundes Fleisch und verdirbt den Appetit.

Die Heilkraft in Fleischgerichten

Rind

Manchmal werden von Hildegard Fleischspeisen aus therapeutischen Gründen empfohlen. Besonders bewährt ist der Einsatz von Kalbsfußknochen bei der Rachitis von Kindern, bei Arthritis, Arthrose, Bandscheibenschäden und bei der so gefürchteten Osteoporose.
Besonders beeindruckend ist die Schmerzbeseitigung durch die Kalbsfußknochen-Brühe: »Wer in seinen Gelenken und Gliedern stechende Schmerzen hat und auch Magen-Darm-Schmerzen, der esse oft und reichlich abgekochte Rinderbrühe mit ihrem Fett und Schwielen. Das räumt mit diesen Stichen und Schmerzen auf.« (PL 1323 B)

Schaf

»Wessen Körper ganz von Kräften gekommen ist und dessen Venen zusammenfallen, schlürfe oft – wenn er will – den Saft von Schaffleisch und die Brühe, worin es gekocht wurde; und wenn es ihm bessergeht, esse er auch das Schaffleisch selber – wenn er will.« (PL 1324 A)

Ziege

Ziege stärkt das schwache Bindegewebe und beugt bei Bruchleiden vor.
»Ziegenfleisch – oft gegessen – heilt gebrochene und gerissene Eingeweide und heilt und stärkt den Magen des Essers. Wer Magenschmerzen hat, brate oft Ziegenleber und esse sie oft bis Mitte August. Es heilt und reinigt den Magen wie ein Abführtrank.« (PL 1325 B)

Schwein

Schweinefleisch ist weder gut für Gesunde noch Kranke, nur bei sehr alten, schwachen Menschen kann das Schweinefleisch wegen seines hohen Hormongehalts geeignet sein. »Schweinefleisch ist nicht gesund, weder für Gesunde noch für kranke Menschen, weil es weder die Verschleimung noch sonst eine Krankheit im Menschen mindert, sondern sie vielmehr vermehrt … Jeder Hautkranke meide Schweinefleisch …«

Geflügel

Huhn, Gans, Ente, Pute und auch Straußenfleisch, jeweils ohne Haut gegessen, sind nicht nur bekömmliche Lebensmittel, sondern können auch eine Stärkung für Kranke sein, da sie leicht verdaulich sind. Natürlich bevorzugt man nur freilaufende Tiere, da Geflügel aus der Legebatterie krank ist und krank macht.

»Hühnerfleisch ist für gesunde Menschen gut, aber gegessen macht es sie nicht fett, die Kranken aber erfrischt es ein wenig … Wenn aber ein sehr Kranker Hühnerfleisch essen will, lasse er es mit anderen Fleischarten kochen, damit es von deren Saft temperiert wird … Die Henne ist zur Speise besser als der Hahn, weil das Hennenfleisch zarter ist. Wer aber gesund ist, kann von beiden essen. Und die Leber der Henne und des Hahns oft gegessen, taugt gegen alle Krankheiten, die den Menschen innerlich schädigen.« (PL 1295 B)

Die Leber freilaufender Hühner ist ein großartiges Heilmittel bei inneren Krankheiten, besonders bei Blutarmut (Anämie), weil sowohl Eisen als auch Vitamin B_{12} der Hühnerleber vom Körper sehr gut aufgenommen werden. Dadurch ist eine Eisentherapie mit Eisenchlorid und seinen schweren Nebenwirkungen überflüssig.

Vom Genuß der Hausente ist abzuraten, da »die Hausente sich von Unreinem ernährt und nur von Gesunden gerade noch zu verkraften ist, für Kranke aber ungenießbar«. (PL 1294 C)

Besser ist dagegen die Wildente, »die für den Menschen heilsamer als die zahme Ente ist, weil sie sich immer am Wasser aufhält«. (PL 1294 D)

Das dunkelrote Straußenfleisch wird neuerdings als Delikatesse angeboten, da es ein mageres Fleisch ist und sehr wenig Cholesterin enthält (0,2% im Vergleich zu Hammelfleisch 32%, Schweinefleisch 25% und Rinderlende mit 10%).

Straußenfleisch hat nach Hildegard eine entkrampfende Wirkung: »Wenn ein Mensch die Fallsucht hat, der esse oft Straußenfleisch, und es bringt ihm die Herrschaft über seine Körperkräfte und die Gesundheit wieder. Denn die Wärme und die Stärke des Straußenfleisches wirken, und wo Schwächezustände bestehen, bringen sie die Stärke dieser Krankheit wieder zur Ruhe.« (PL 1287 C)

Reh, Hirsch und Wildschwein

Wild wird von Hildegard besonders bei Verschleimung, Blähungen, Verdauungsschwäche, Magen-Darm-Schwäche und Magen-Darm-Krankheiten bevorzugt, wobei die Rehleber ein Heilmittel für die Präkanzerose (Vichtkrankheit) ist: »Das Reh frißt gesundes Futter. Sein Fleisch ist für gesunde und kranke Menschen gut. Ein Mensch, der von der Präkanzerose geplagt wird (Vicht), esse oft seine Leber, und sie unterdrückt in ihm diese Vicht. Wenn einer oft Rehfleisch ist, reinigt es ihn von Schleim und Unrat.« (PL 1312 D)

Auch Hirschfleisch ist geeignet, besonders bei Magen-Darm-Leiden, Gastritis, Blähungen und Verschleimungen: »Der Hirsch hat plötzliche Wärme in sich, und er ist mehr warm

und frißt reines Futter. Sein Fleisch ist für Kranke und Gesunde gut zu essen. Wenn ein Mensch Hirschfleisch ziemlich warm, aber nicht heiß ißt, reinigt es seinen Magen und macht ihn leicht. Wer Hirschleber ißt, dem unterdrückt sie die Gicht und reinigt seinen Magen und macht ihn leicht.«
Wildschwein ist besonders geeignet bei abgemagerten, alten Menschen, bei Kraftlosigkeit, Kräfteverfall und Muskelschwäche. Hier kann es die Lebensgeister wieder in Schwung bringen: »Wenn ein Mensch schwer krank ist, so daß sein Körper darniederliegt und mager wird, der soll – solange er krank ist – vom jungen Schwein essen, aber nicht allzuviel. Wenn er wieder zu Kräften gekommen ist, soll er nicht länger davon essen, weil es von da ab die Krankheiten vermehren würde.« (PL 1326 A)

Mit dieser Auswahl von Lebensmitteln läßt sich ein abwechslungsreicher Speiseplan für die Tumortherapie und zum Schutz vor Krebs zusammenstellen.
Eine wichtige Voraussetzung für eine gesunde, natürliche Ernährung besteht auch darin, mit verantwortungsbewußten Gärtnern und Biobauern zusammenzuarbeiten und die Lebensmittel vom Acker frisch auf den Tisch aus erster Hand zu beziehen. Die Ernährungstherapie der hl. Hildegard liefert dann einen Leitfaden, um Lebensmittel zur Erhaltung der Gesundheit wie Heilmittel einzusetzen.
Die Hildegard-Küche bietet eine abwechslungsreiche, vielseitige Kost. Dinkel, Obst und Gemüse stehen im Mittelpunkt, Fleisch-, Fisch- und Milchprodukte werden als Beilage verwendet. Bei der Auswahl der Lebensmittel entscheidet aber nicht die Menge an Vitaminen, Spurenelementen und Kalorien, sondern vielmehr der Heilwert. Ihn nennt Hildegard »Subtilität«.

Kräuter und Gewürze

Der Ernährungswissenschaftler Professor Dr. Hans Glatzel ist davon überzeugt, daß die Duft- und Schmeckstoffe der Gewürze nicht minder lebenswichtig sind als Eiweiß, Fett und Vitamine.
Hildegard schreibt: »Wenn der Mensch ißt und trinkt, dann lenkt ein im Menschen angelegtes Leitungssystem *(vitalis tractus rationalitatis)* den Geschmacksstoff und den Feinsaft und den Duftstoff zum Gehirn und fördert seine Durchblutung, indem es dessen Gefäßwärme anfüllt ... und auch das Herz, die Leber und die Lunge saugen von diesem Geschmacksstoff, dem Feinstoff und dem Duftstoff etwas in ihren Gefäßen auf, so daß sie davon angefüllt und ernährt werden, wie ein alter, ausgetrockneter Darm, wenn man ihn ins Wasser legt, davon weich und voll wird.« (CC 113,3)
Kräuter und Gewürze sind demnach nicht nur für einen besseren Geschmack da, sondern diese Stoffe regen die Durchblutung, den Stoffwechsel und die Verdauung an. Darüber hinaus machen sie die Speisen bekömmlich und beseitigen im Menschen die schlechten Säfte, wenn sie in Maßen genossen werden.
»Denn die verschiedenen und edlen Kräuter und die aus edlen Pflanzen bereiteten Gewürze werden gesunden Menschen nichts nützen, wenn sie nicht in Maßen genossen werden, ihnen vielmehr schaden. Dadurch, daß sie deren Blut austrocknen und ihr Fleisch mager werden lassen, weil sie in ihnen nicht diejenigen Säfte vorfinden, an denen sie ihre Kräfte ausüben können ... Werden sie aber von jemandem aufgenommen, so soll dies vorsichtig und vernünftig geschehen. Sie sollen mit Brot oder in Wein oder irgendeiner anderen Speise und nur in seltenen Fällen nüchtern einge-

nommen werden … weil sie dann die Säfte der Speisen verdünnen und die Menschen befähigen, die aufgenommene Nahrung zu verdauen, ausgenommen, wenn ein Mensch solche Krankheiten hat, gegen die er edle, kräftig wirkende Kräuter nüchtern einnehmen soll.« (CC 185,25)
Die von Hildegard empfohlenen Kräuter und Gewürze bringen einen Hauch von »Tausendundeiner Nacht« in die Küche, weil die meisten Kräuter früher aus dem Orient kamen, wo sie nicht nur als Aroma, sondern auch als Arzneimittel verwendet wurden. Als Universalgewürze in der Hildegard-Küche haben sich folgende Kräuter bewährt:

Poleiminze *(Mentha pulegia)*
Zur Reinigung des Körpers.
»Polei hat die Kraft von 15 anderen Gewürzen in sich. Wer die Polei mit Salz oft roh ist oder damit Fleisch würzt, dem wärmt es den Magen und Darm, und wenn er seinen Magen sogar voll Gift hat, d. h. Eiter, reinigt sie ihn und heilt ihn.«
Poleiminze hilft bei Verdauungsstörungen, Leber-Galle-Leiden, Blasenentzündungen, Erkältungen sowie zur Ausscheidung von Harnsäure.
Anwendung: Dreimal täglich 1–3 Messerspitzen über das Essen streuen.

Bertram *(Anacyclus pyrethrum)*
Zur Stärkung.
»Wie immer er gegessen wird, roh oder in anderen Zubereitungen, ist er nützlich und gut sowohl für den Gesunden als auch für den Kranken, wenn er oft (d. h. täglich) genommen wird, vertreibt er das Kranksein und verhindert das Krankwerden. Beim Essen lockt er die Säfte im Menschen

an, weil er die schlechten *humores* ausleitet und Gesundheit zurückläßt.«
Anwendung: 1–3 Messerspitzen über jedes Essen streuen oder mitkochen.

Quendel *(Thymus serpyllum)*
Zur Anregung der Durchblutung.
»Wenn ein Mensch krankes Fleisch hat, so daß seine Haut wie räudig ausblüht, der nehme Quendel und esse es mit Fleisch oder Gemüse gekocht oft, und das Gewebe seines Körpers wird wieder von innen heraus geheilt und gereinigt werden.«
Anwendung: 1–3 Messerspitzen im Essen mitkochen.

Pfeffer
Zur Anregung des Appetits.
»Wenn jemand verschroben ist (spleenig), und er keinen Appetit mehr hat, so daß ihn das Essen nicht freut, der esse etwas Pfeffer und dazu noch Pfeffer auf Brot, und seiner Milz geht es besser, und der Ekel vor dem Essen legt sich.«
Anwendung: 1–3 Messerspitzen über das Essen streuen.

Speiseplan für Krebspatienten

Montag:

Maronisuppe
Gemüseplatte (rote Bete, Fenchel, Zucchini), Kräutersauce, Kichererbsenpüree, grüner Salat mit Dinkelkörnern
Rote Grütze

abends:

Dinkelgrießsuppe mit Gemüsestreifen
Maroniaufstrich pikant, Dinkelbrot, Butter, Hüttenkäse, Dinkelsalat
Fencheltee

Dienstag:

Rote-Bete-Suppe
Rehleber mit Dinkelspätzle, Mohrrüben, grüner Salat mit Dinkelkörnern
Bratapfel

abends:

Suppe
mariniertes Gemüse, Bohnenkernsalat, Dinkelbrot, Butter

Mittwoch:

Spinatcremesuppe
Kichererbsenbratlinge mit Mandelsauce oder Galgantsauce, Pastinaken, grüner Salat mit Dinkelkörnern
Maronicreme

abends:

Suppe
Hühnerleberaufstrich, Dinkelbrot, Butter

Donnerstag:

Kastanien-Kürbis-Suppe
überbackenes Fenchelgemüse, Dinkelvollkornnudeln mit Gemüse, grüner Salat mit Dinkelkörnern
Quittenmus

abends:

Gemüsesuppe
Apfel-Zwieback-Auflauf mit Kirschsauce

Freitag:

Kichererbsensuppe
gedünsteter Fisch, Karotten-Sellerie-Gemüse, Dinkelkörner, grüner Salat mit Dinkelkörnern
glasierte Maroni

abends:

Fischsuppe
Fenchel-Orangen-Salat zu Butterbrot

Samstag:

Lebercremesuppe
Dinkelkernottogericht indischer Art (süß-sauer-pikant) mit Äpfeln und Zwiebelringen, Dinkel-Kopfsalat
Obstsalat

abends:

Fenchelsuppe
Kastanienpastete

Sonntag:

Minestrone
Hirschgeschnetzeltes mit Preiselbeer-Apfel und Dinkelspätzle, grüne Bohnen, Dinkel-Kopfsalat
Kürbis- oder Apfelstrudel

abends:

Dinkelschrotsuppe
Rote-Bete-Timbale mit grünem Salat

Rückfallvorbeugung

Gebet und Arbeit *(Ora et labora)*

Die Krebskrankheit ist ein Energiemangel-Syndrom, gekennzeichnet durch ein schwaches Abwehrsystem eines aus dem Gleichgewicht gefallenen Menschen. Allein eine starke Abwehrkraft ist in der Lage, das unkontrollierte Wachstum in Schranken zu halten. Die Abwehrschwäche hat viele Ursachen, die man aber erst beheben kann, wenn man den Grund für den plötzlichen Energieverlust festgestellt hat. Es handelt sich dabei um die Wiederherstellung des Energiegleichgewichts zwischen Arbeit und Gebet in einer durch die High-Tech-Gesellschaft überforderten Seele, die durch die Überbetonung von Leistung und Arbeit ihre Energie verloren hat.

Wie Hildegard sehr anschaulich in ihrer Meditation von den verloschenen Sternen schildert, ist die Krebskrankheit ein Energie-Absturz aus heiterem Himmel: Goldene Sterne fallen aus leuchtendem Blau in die Erdatmosphäre, verlieren dabei ihre Energie und verlöschen zu schwarzer Materie. Aber Energie kann nicht verlorengehen. Sie kommt immer wieder zurück, wenn sich der Mensch für sie öffnet. Dabei helfen ihm Gebet, Stille und Meditation. Der berühmte französische Chirurg Alexis Carrel (1873–1944), der 1912 den Nobelpreis für Medizin erhielt, schreibt über die Kraft des Gebetes: »Beten ist eine ebenso wichtige Kraft wie die Schwerkraft der Erde. Ich habe als Arzt erlebt, wie Menschen, bei denen jede andere Behandlung versagte, durch die stille Macht des Gebetes aus Krankheit und Trübsal emporgehoben wurden. Es ist die einzige Macht der Welt, die anscheinend die sogenannten ›Naturgesetze‹ überwinden kann.«

Der deutsche Chirurg Professor Ferdinand Sauerbruch, Schwiegersohn des berühmten Greifswalder Arztes und Hildegard-Übersetzers Professor Hugo Schulz, erklärt: »Wirkungsvoller als alle philosophischen Erkenntnisse ist ein in den Tiefen der Seele lebendiger Glaube. Nur von da aus erwächst uns eine Kraft, die uns befähigt, alle Umstände und Widerwärtigkeiten des Lebens zu meistern, eine Kraft, welche aus der göttlichen Kraft hervorgeht.«

Hildegard schaut in die Quelle des Lebens und entdeckt in ihr die Gotteskraft, aus der alles Leben seine Lebenskraft erhält:

»Ich bin das feurige Leben.
Ich bin die stärkste, feurigste Kraft.
Alles Leben habe ich entzündet,
und nichts Totes geht von Mir aus.«

Es ist für den krebskranken Menschen wichtig zu wissen, daß er ein Wesen aus Leib und Seele ist, wobei »die Seele eine Spitzenstellung im Menschen ausübt, denn sie steuert alles im Organismus, was der Mensch zum Leben braucht … Denn die menschliche Seele entfaltet ihre Kräfte sowohl in irdischen als auch himmlischen Angelegenheiten gleichmäßig und wirkt nach starken Naturgesetzen im Menschenleib. Wo Seele und Leib in größter Harmonie übereinstimmen, erreichen sie den höchsten Lohn gemeinsamer Freuden.« (LDO IV., 1. Vision)

Hildegard von Bingen war eine Meisterin der Meditation. Sie wußte aus den Benediktinerregeln, daß ein glückliches

Leben ein gesundes Gleichgewicht von Gebet und Arbeit voraussetzt. Dieser Meditationsweg war für sie nicht nur eine Quelle gewaltiger Weisheit, sondern auch persönlichen Glücksgefühls, womit sie viele Schwächen und Krankheiten in ihrem Leben überwinden konnte. Die große Tragödie unserer Zivilisation besteht nun darin, daß das Gleichgewicht durch eine Überbetonung der Arbeit gestört ist. Das führt zu einem gewaltigen Energieverlust, den auch die Krebskranken im besonderen Maß zu spüren bekommen. Kein Wunder, daß wir auf wirtschaftlichen und gesellschaftlichen Gebieten auch in die Krise geraten, die eine Folge des Energiemangel-Syndroms ist.

Zur Regeneration und zur Wiederherstellung der für die Krebskrankheit notwendigen Abwehrkräfte ist eine radikale Wende erforderlich, wobei die erforderliche Energie durch Entspannung, Meditation und das Gebet in der Stille entsteht. Hierzu braucht der Mensch seine eigene Oase, um das Gespräch mit Gott und der Natur wieder aufzunehmen: »Der Mensch ist Gottes Wunderwerk, ein Licht aus Gott, das lebt und wieder stirbt, er selbst ist nicht Gott, weil Gott so nicht ist.«

Energiegewinn durch Kreativität

Durch sein eigenes Tun ist der Mensch schöpferisch tätig. Durch den Gebrauch seiner fünf Sinnesorgane fließen dem Menschen neue Heilkräfte zu. Dazu gehören die Betrachtung der Natur und ihrer Geschöpfe: »Der Mensch ist das Licht aller übrigen Geschöpfe. Sie drängen sich häufig an ihn heran und hängen ihm mit großer Liebe an. Auch der Mensch hat ein natürliches Verlangen zu den Geschöpfen,

zu denen er mit Liebe entbrennt und sie mit Eifer gerne aufsucht.«
Musik und Gesang sind wichtige Heilkräfte, die die innere Harmonie des Menschen wiederherstellen können. Die Aromatherapie erreicht über die Nase das menschliche Gehirn, wobei aus Fenchel-, Lavendel-, Lilien- und Rosenduft heilende Kräfte entstehen können. Der Geschmackssinn spielt bei der Ernährungstherapie eine Rolle: »Essen und Trinken hält Leib und Seele zusammen.« Auch kann man die Seele über den Haut- und Tastsinn erreichen. Hierzu werden Bäder, Sauna, Massagen und Packungen eingesetzt.

Übung: Den/die Mystiker/in in sich wecken
Wenn Sie ein Hildegard-Wort berührt oder eines ihrer Visionsbilder Sie begeistert, halten Sie es fest. Ankern Sie daran. Es trifft Ihre Urseele, die in der rechten Gehirnhälfte seit Urbeginn diese Worte und Bilder gespeichert hält. Formen Sie das Wort oder Bild durch Ihre eigene Phantasie in ein Gedicht, ein Lied, einen Tanz, eine Zeichnung oder in einen Traum um. Erwecken Sie so den Mystiker in sich.

Lebensenergie durch die vier Elemente

Menschliches Leben ist nur durch die Heilkraft der vier Elemente möglich, weil – wie Hildegard schreibt – sie die ganze Welt zusammenhalten, auch den menschlichen Körper: »Feuer, Luft, Wasser und Erde sind im Menschen, und aus diesen besteht er. Vom Feuer hat er seine Wärme, von der Luft den Atem, vom Wasser das Blut und von der Erde das Fleisch.«

Die vier Elemente sind nach Hildegard die Bausteine vom Mikro- und Makrokosmos. Die vier Elemente braucht der Krebskranke, um wieder zur Be-Sinnung zu kommen, weil sie über die Sinnesorgane die Seele heilen können: »Ebenso verdankt der Mensch seine Sehkraft dem Feuer, der Luft sein Gehör, dem Wasser seine Beweglichkeit und der Erde seinen Gang.«

Jedes Tun auf dieser Erde hat seine Auswirkung auf unsere Gesundheit. Nach dem Impulsgesetz findet jede Tat im Weltall ihr Echo, sei sie gut oder böse. So hat Hildegard immer wieder ihre Zeitgenossen vor Gewaltanwendung gewarnt und betont, daß die christliche Religion nur mit Liebe und nicht gewaltsam wirken kann: »Wenn die vier Elemente nach Gottes Beschluß ihre Schrecken im wilden Durcheinander loslassen, bringen sie der Welt und den Menschen viele Gefahren ..., denn wenn die Menschen im Schlachten, Schrecken, in Haß und in Neid und sündhaften Widerwärtigkeiten sich untereinander mischen, verkehren sich die vier Elemente zu einer anderen und entgegengesetzten Art von Hitze oder Kälte oder gewaltsamen Überflutungen.«

Auch beeinflussen die vier Elemente die Gesundheit, weil sie für den Zustand und die Qualität des Blutes und Stoffwechsels zuständig sind: »Wenn die vier Elemente im Menschen geordnet wirken, machen sie ihn gesund. Halten sie dagegen in ihm keine Harmonie, machen sie ihn krank und töten ihn. Denn wenn die Zusammensetzung der Säfte, die von Wärme, Feuchtigkeit, von Blut und Fleisch herrührt, in Ruhe und im richtigen Verhältnis zueinander wirken, bringen sie ihm Gesundheit. Fallen sie aber im Übermaß über ihn her, machen sie ihn schwach und töten ihn ... Wenn der Mensch richtig handelt, halten auch die vier Elemente ihre natürlichen Bahnen ein. Handelt er nicht richtig, dann antworten die vier Elemente mit schrecklichen Schicksalsschlägen. Der Leib des Menschen reagiert nämlich auf die Wünsche der Seele … Hierbei durchströmt die Seele durch die Kraft des Denkens, Sprechens, Atmens den ganzen Körper wie ein Wind, der durch ein Haus zieht. Solange der Leib mit der menschlichen Seele wirkt, ist er ortsgebunden und kann sich von der Erde noch nicht losreißen.«

Heilkräfte durch Sonne, Licht und Wärme

Alles Leben verdankt der Sonnenenergie seine Existenz. Ein altes Sprichwort sagt: »Wohin die Sonne nicht kommt, kommt der Arzt hin.« Ein maßvolles Sonnenbad regt daher alle Körperenergien an, läßt die Knochen wachsen, stärkt das Abwehrsystem und verbessert die Stimmung. Trotz der Gefahren, die UV-Strahlen in sich bergen, ist ein vernünftiges Sonnenbaden ratsam, wenn es nicht eine Stunde übersteigt. Nicht vergessen: Sonnenschutzmittel, Hut und entsprechende Kleidung.
Aber auch kleine Lichtquellen tun ihre heilenden und reinigenden Wirkungen, wie zum Beispiel ein Kerzenlicht, in dem nach Hildegard die drei Kräfte der Dreifaltigkeit anzutreffen sind, ein Kaminfeuer oder eine Nierenmassage vor dem Ulmenholzfeuer.

Heilkräfte durch die Luft

Ein Spaziergang durch die sauerstoffreiche Waldluft sorgt für eine gute Durchblutung des ganzen Organismus. Ohne Sauerstoff gibt es kein Leben, wobei Menschen, Tiere und Pflanzen in einer harmonischen Gemeinschaft leben. Der Mensch atmet Sauerstoff ein und Kohlendioxyd aus, die Pflanzen atmen Sauerstoff aus und verwandeln das Kohlen-

dioxyd durch die Photosynthese mit Wasser zu Kohlenhydraten, die unsere wichtigste Energiequelle sind.
»Die Luft aber, welche die Erde befeuchtet, bringt alle Bäume und Kräuter zum Grünen und zur Reife.«

Heilkräfte aus dem Wasser

»Das Wasser kommt vom Lebensquell, und von ihm kommen auch die sprudelnden Gewässer, die allen Schmutz abwaschen.«
Wasser reinigt und heilt Körper und Geist. Durch das Wasser wird der Mensch zum Kind Gottes. Pfarrer Sebastian Kneipp hat am eigenen Leib die Heilkräfte des Wassers erfahren und allein aus Wasseranwendungen ein komplettes Heilsystem entwickelt. In der Hydrotherapie nach Hildegard wird das Wasser für Bäder, Saunaaufgüsse und als Trägerstoff für die Energien der Edelsteine (Bergkristall-, Bernstein-, Saphir-, Amethyst-, Diamantwasser) verwendet. Wasser ist die Grundlage aller Getränke zur Erfrischung, zur Freude und zur Entgiftung des Menschen, wobei Hildegard das Bier als Getränk und als Mittel zum Muskelwachstum einsetzt und den Wein als Heilmittel. Alle unsere Elixiere werden mit Wein angesetzt.

Heilkräfte der Erde

»Die Erde ist von Natur aus kalt und hat viele Kräfte in sich.«
Die Erde ist die Grundlage allen Gedeihens von Blumen, Kräutern und Früchten. Nur in einer guten Erde können Bodenbakterien leben, die das Pflanzenwachstum fördern. Daher heißt die Erde auch lateinisch *humus*, dessen Wortstamm wir in *humilitas* = Demut wiederfinden. Ohne diesen Humus wäre unsere Erde eine Wüste.

Schlaf, Ruhe und Bewegung

Ein natürlicher Schlaf ist das beste Mittel, um ein schwaches Abwehrsystem wiederaufzubauen, und eine Voraussetzung für gute Nerven. Besonders ein gutes Traumleben ist geeignet, um die Nerven wieder wie eine leere Batterie aufzuladen. Aber auch alle körperlichen Regenerations- und Reparaturvorgänge finden in der Nacht statt. Besonders interessant ist der Hinweis von Hildegard, daß sich in der Nacht das Knochenmark regeneriert, aus dem die Stammzellen kommen, die für die zelluläre Abwehr von allergrößter Bedeutung sind:

»Wenn der Mensch schläft, erholt sich sein Mark und nimmt zu ... Dann aber läßt die Seele des Menschen, nachdem sie ihre Kräfte in sich vereint hat, sein Mark zunehmen (Blutbildung und Monoblastenbildung) und stärkt es, macht durch dieses seine Knochen fest und läßt das Blut zusammenrinnen, vermehrt auch das Fleisch, vereint die einzelnen Glieder und vermehrt, während das eigentliche Leben verborgen hält, beim Menschen Verstand und Wissen.«

Entscheidet für die Schlafqualität sind gute Träume, die man durch eine positive Einstellung, einen Spaziergang vor dem Schlafen und durch den gelöschten Wein vorbereiten kann.

Hildegard unterscheidet fünf verschiedene Traumqualitäten: Tagesrestträume, Weckträume, krankheitsanzeigende Träume, diabolische Träume und positive, prophetische Träume, die einen besonders erholsamen Tiefschlaf bewirken. Viele Krebspatienten haben lange vor Ausbruch ihrer Krankheit im Traum eine Vorahnung empfangen, weil der Geist im Traum wachsamer ist als der Tagesverstand.

Bei Hildegard von Bingen finden sich viele ungewöhnliche Empfehlungen, um sich auf den Schlaf vorzubereiten:

- ein warmes Lavendelbad
- ein Betonica-Kissen aus frischem oder getrocknetem Betonicakraut, hautnah als Kräuterkissen eingesetzt
- eine Jaspisscheibe am Lederband getragen gegen Alpträume, Herzklopfen und Herzschmerzen
- ein Glas gelöschter Wein (ein Glas Wein zum Sieden bringen, einen Schuß kaltes Wasser hineingießen und sofort warm schluckweise trinken)
- 2–3 EL Mohnsamen über ein Schüsselchen mit Apfelschnitzen geben und vor dem Schlafengehen essen

Eine alte Regel sagt, niemand solle sich schlafen legen, ohne mit sich und der Welt in Frieden zu sein. Dreißig Millionen Deutsche nehmen jede Nacht Schlaftabletten, die jedoch die Regenerations- und Reparaturmaßnahmen des Körpers genauso blockieren wie die Erholung des Nervensystems. Kein Wunder, daß diese Menschen morgens noch mürrischer aufstehen, als sie sich abends schon hingelegt haben.

Der unterbrochene Schlaf ist in Übereinstimmung mit der modernen Schlafforschung der erholsamste Schlaf, weil man dadurch öfter in die Tiefschlafphasen gerät.

»Aber wenn der Mensch viel wacht und öfter wieder einschläft, werden sein Nervenmark und seine Glieder in angenehmer Weise gestärkt und neu belebt. Wie ein Säugling, der oft saugt und wieder aufhört und zwischendurch seine Kräfte zu seiner Erholung sammelt.«

Freuen Sie sich also, wenn Sie nachts aufwachen. Es kann die beste Zeit zum Lesen, Schreiben oder Beten sein. Wer keine Nachbarn hat, kann auch Klavier spielen oder singen und sich erst hinlegen, wenn er wieder müde ist.

Zuviel Schlaf hingegen macht fieberkrank und »verdunkelt die Augen«. Hildegard kannte keine Schlaflosigkeit, da sie aufgrund ihres aktiven Lebens im Rhythmus des Klosterlebens ein natürliches Schlafbedürfnis hatte.
Hildegard betont, daß sich Männer entsprechend ihren Kräften mehr als Frauen bewegen sollten, aber alles in rechtem Maß. Heute wissen wir, daß besonders Höchstleistungen einen »oxidativen Streß« erzeugen, das heißt, daß durch den hohen Energiestoffwechsel viele freie Radikale entstehen, die für die Krebsauslösung verantwortlich gemacht werden.
Vom rechten Maß der Bewegung spricht Hildegard: »Wenn ein körperlich gesunder Mann längere Zeit umhergeht oder steht, leidet er dadurch nicht viel Schaden, weil er zwar körperlich angeregt ist, aber nicht über die Maßen geht und steht. Wer aber schwach ist, soll sitzen; wenn er viel umhergeht oder steht, würde er davon Schaden nehmen. Die Frau dagegen soll im Gehen und Stehen Maß halten, weil sie schwächer ist als der Mann und auch einen anders gebauten Schädel hat. Sie soll mehr sitzen als hin- und herlaufen, damit sie hierdurch nicht geschädigt wird.
Wer aber reitet, hat, wenn er auch dabei müde wird, nicht viel auszuhalten, denn er bewegt sich in Luft und Wind. Er soll aber zwischendurch für seine Füße und Schenkel sorgen und durch Strecken und Dehnen denselben hin und wieder Bewegung verschaffen [Isometrie].«

Patientenbericht

»Nach meinen positiven Erfahrungen in der Aufbauphase (nach einer Magenkrebsoperation), machte ich das Körpertraining in abwechslungsreicher Form zu meinem Hobby. Die Vormittage sind meistens ausgefüllt mit Arbeiten in Haus und Garten sowie mit Holzholen im Wald für

meinen Kamin. Die Waldarbeit habe ich besonders gern, weil die Stille des Waldes und das Gezwitscher der Vögel sowie das Rauschen des Windes in den Baumkronen sich auf mich wohltuend auswirken. Besonders auch wegen des Sauerstoffreichtums der Waldluft und ihrer Schadstoffarmut. Als Krönung meiner Betätigung empfinde ich das Radfahren. Es ist für mich zu einer Leidenschaft geworden, um den Körper wieder in Topform zu bringen.«
Als ich nach sieben Jahren von dem Patienten wieder hörte, war er gerade mit seiner Frau von einer Tourenfahrt von Budapest nach Wien zurückgekommen.

Die Reinigung des Körpers durch Aderlaß

Im Gegensatz zur Schulmedizin, die sich mit Pumpen, Schläuchen, Bypässen, Stents und Ballons beschäftigt, kümmert sich die Hildegard-Heilkunde um die Beschaffenheit, Zusammensetzung und Qualität des Blutes, »denn der Mensch lebt von den vier Säften im Blut, wie die Welt aus den vier Elementen besteht«.
Die Mischung der Säfte entscheidet über Gesundheit oder Krankheit: »Wenn die Mischung der vier Säfte im Menschen die richtige Ordnung und das richtige Maß einhält, befindet sich der Mensch in Ruhe, hält ihn gesund und schützt ihn vor Krankheiten. Haben sie sich in Gegensatz zueinander gemischt, machen sie ihn hinfällig und krank.«
Der Grund, warum der Mensch an so vielen Krankheiten leidet, liegt allein darin, daß wir zu viele Säfte im Überfluß haben. Ganz besonders gefährlich wird die Säftemischung, wenn Küchengifte gegessen werden oder seelische Emotionen wie Wut und Zorn die Schwarzgalle anregen. Dadurch

wird der pH-Wert des Blutes ins Saure verschoben, und das Organgewebe entzündet sich und kann zu krebsartigen Herden ausarten. Die Erfahrung mit über 2000 Patienten hat gezeigt, daß der Aderlaß die wichtigste allgemeine Behandlungsmethode ist, um die Selbstheilungskräfte im Menschen anzuregen, lebensbedrohliche Prozesse zu beseitigen und um krankheitsauslösende Stoffe aus dem Körper zu entfernen. Erst wenn man diese schädlichen, krank machenden Säfte durch den Aderlaß ausgeschaltet hat, können die körpereigenen Stoffe freigesetzt werden, die zu einer tiefgreifenden Umstimmung führen.

»Wenn bei einem Menschen die Gefäße mit Blut überfüllt werden, müssen sie durch einen Aderlaß von dem schädlichen Schleim und den durch die Verdauung gelieferten Fäulnisstoffen gereinigt werden.«

Der Aderlaß wird mit einer ziemlich dicken Einwegnadel (1,2–1,8 mm oder Heidelberger Besteck) durchgeführt, um eine rasche, komplikationslose Blutentnahme zu gewährleisten und dem Körper einen heilsamen Schock zu versetzen.

»Wird bei einem Menschen das Gefäß angestochen, wird sein Blut wie durch einen plötzlichen Schock erschüttert, und was zuerst austritt, ist fauliges, zersetztes Blut, das gleichzeitig mit dem Blut ausfließt. Daher hat das Blut auch zunächst eine Mischfarbe, weil es aus Fäulnis und Blut besteht. Sobald die Fäulnis mit dem Blut ausgeflossen ist, kommt reines Blut, dann muß man sofort mit der Blutentziehung aufhören.« (CC 119,9)

Zunächst fließt aus den Venen dickes, schwarzes Blut, das nach etwa 150–180 ml deutlich eine rote Farbe zeigt. Dieser Farbumschlag kennzeichnet den Abschluß des Aderlasses. Das nun fließende Blut enthält die Zielstoffe, wozu besonders die Hormone, körpereigenes Cortison, Adrenalin,

Noradrenalin sowie die Sexualhormone gehören, aber auch dem Morphin ähnliche Substanzen, die Schmerzen beseitigen und einen leichten euphorischen Zustand auslösen können. Daher fühlen sich die Aderlaßpatienten nach der Blutentnahme erleichtert und fröhlich.

Der Aderlaß beim Mann

»In besonderen Fällen kann bei den Männern schon im 12. Jahr der Aderlaß durchgeführt werden, ... jedoch nicht mehr als die beiden Schalen einer Nuß fassen (20 ml). Vom 12. bis zum 15. Lebensjahr soll der Aderlaß nur einmal jährlich durchgeführt werden ... Vom 15. Jahre ab nehme man so viel Blut wie ein durstiger Mann in einem Zuge trinken kann (100–150 ml) ...« (CC 120,32)

»Kein Mensch, sei es Mann oder Frau, soll einen Aderlaß machen, solange er in seiner Entwicklung an Größe und Körpergewicht zunimmt, weil er den Menschen körperlich schwächen würde ...

Nach dem 20. Lebensjahr kann er wegen irgendeiner Krankheit zur Ader gelassen werden, aber nur wenig. Wenn er körperlich gesund ist, soll er (in diesem Alter) noch keinen Aderlaß machen, sondern Schröpfen oder Brennen lassen, weil seine Blutgefäße und das Blut noch nicht voll entwickelt sind. Hat er aber das reife Alter von 30 Jahren erreicht, kann er, ob krank oder gesund, nach Belieben Aderlaß durchführen ... bis zum 50. Lebensjahr.« (CC 123,34)

»Nach dem 50. Lebensjahr, wenn Blut und Phlegma beim Manne abnehmen und der Körper auszutrocknen beginnt, soll nur einmal im Jahr zur Ader gelassen werden, und zwar nur zur Hälfte wie gewöhnlich bis zum 80. Lebensjahr.« (CC 121,5)

Der Aderlaß bei der Frau

Ganz besonders wichtig und nützlich ist der Aderlaß für die Frau. Hildegard beschreibt sogar eine Reihe von schweren Erkrankungen, zum Beispiel Rheuma, Akne, Hautausschläge oder sogar Krebs, bei Frauen, die nur noch eine schwache oder sogar gar keine monatliche Reinigung mehr haben. Es ist nach Hildegard daher ein Kunstfehler, wenn nach einer Gebärmutterentfernung oder nach einer Totaloperation kein Aderlaß durchgeführt wird, weil dann die genannten Folgekrankheiten eintreten können. Viele operierte Frauen, die durch diese Maßnahmen frühzeitig ins Klimakterium kommen, leiden, weil »die Frau in ihrem Körper viel mehr schädliche Säfte und krank machende Fäulnisstoffe besitzt als der Mann. Daher soll die Frau vom 12. Lebensjahr an nach den gleichen Regeln zur Ader lassen wie der Mann, aber bis zum 100. Lebensjahr, weil wegen der schädlichen Säfte und zersetzenden Stoffe für sie eine größere Notwendigkeit besteht wie beim Mann, wofür schon die monatliche Regelblutung spricht. Würde die Frau nicht von den schädlichen Säften und verdorbenen Fäulnisstoffen gereinigt, würde sie am ganzen Körper anschwellen und sich aufblähen und nicht leben (und sterben) können.« (CC 121,21)

Die geeignete Vene wählen

Hildegard beschreibt sogar ganz genau, an welchem Blutgefäß in der Armbeuge der Aderlaß vorgenommen werden soll: »Man muß wissen, daß in der Kopfader *(vena cephalica)* mehr Säfte fließen als in der Mittelader *(vena mediana)* und der Leberader *(vena hepatica)*. Daher ist es gesünder, wenn die Blutentziehung öfter an der Kopfader vorgenommen wird. Denn wer viel Phlegma im Kopf und in der Brust hat (Auswurf) oder wem der Kopf brummt, so daß sein Gehör manchmal verlorengeht, soll den Aderlaß an der Kopfader vornehmen. Wer ein trauriges Herz und ein bedrücktes Gemüt hat und Lungen- und Seitenschmerzen, soll den Aderlaß an der Mittelader vornehmen ... Leidet aber jemand an der Leber oder Milz, oder hat jemand Atembeschwerden in Hals und Kehle (Basedow, Asthma) oder Sehkraftverlust der Augen, so muß der Aderlaß an der Lebervene durchgeführt werden.« (CC 121,35ff.)

Jede Vene hat ihre ganz spezielle Organverbindung und Indikation:

- Bei Katarrh von Kopf und Brust, Auswurf, Verschleimung, Gehörschwäche, Kopfschwindel wird die Kopfvene geöffnet.
- Die Mittelvene wird bei Lungen- und Seitenschmerzen, Herzschmerzen und Depressionen geöffnet.
- Die Lebervene ist bei Leber- und Milzleiden, Atemnot (Asthma), Schilddrüsenleiden, Kropf und Sehschwäche sowie bei allen Stoffwechselstörungen angezeigt.

Nüchtern sein

Der Aderlaß soll im vollnüchternen Zustand durchgeführt werden, das heißt, mindestens vier Stunden vorher nicht essen und nicht trinken. Beim Essen und Trinken mischen sich die Säfte, so daß eine Trennung nicht mehr möglich ist. Daher mußte schon so mancher Patient, der gut gefrühstückt hatte, vom Aderlaß ausgeschlossen werden, weil es heißt: »Will also ein Mensch eine Ader zur Verminderung des Blutes anschneiden, so soll er dies nüchtern tun, denn solange der Mensch nüchtern ist, sind die in ihm vorhandenen Säfte noch einigermaßen vom Blut getrennt, und das Blut fließt dann im Menschen in rechter Weise und nicht so rasch wie ein Bach, der in seinem Bette, frei von jeder

Bewegung durch Wind und Wetter, richtig und ordentlich dahinfließt. Hat aber ein Mensch Speise zu sich genommen, dann beginnt das Blut in ihm etwas stärker zu strömen; die Säfte vermischen sich so mehr mit ihm, und beide können dann nicht mehr leicht voneinander geschieden werden. Daher soll der Aderlaß vorgenommen werden, wenn der Mensch nüchtern ist, damit die vom Blut getrennten Säfte um so leichter ausfließen können. Eine Ausnahme findet nur statt, wenn der Mensch sehr hinfällig und schwach ist. Er kann vor dem Anschneiden der Ader etwas Nahrung zu sich nehmen, damit er nicht ohnmächtig wird.«

Der richtige Zeitpunkt nach dem Mond

Besonders der Mond steuert und reguliert den Säftehaushalt in der Natur. Ebbe und Flut werden vom Mond bestimmt. Bei zunehmendem Mond steigen die Säfte in Bäumen und Früchten, und bei abnehmendem Mond gehen sie wieder in die Wurzeln zurück. Saat und Ernte werden von diesem Rhythmus beeinflußt.

Auch im Menschen steigen und fallen die Säfte mit dem Mond. Bei zunehmendem Mond nimmt das Blut im Menschen zu. Bei abnehmendem Mond nimmt es ab. Daher wird bei Hildegard der Aderlaß bei abnehmendem Mond durchgeführt, das heißt: *Der Aderlaß muß vom 1. bis 6. Tag des Vollmondes durchgeführt werden.*

»Er (der Mensch) soll aber bei abnehmendem Monde zur Ader gelassen werden, also am ersten Tag, wenn der Mond anfängt abzunehmen, oder am zweiten, dritten, vierten, fünften oder sechsten Tage, und dann nicht mehr, weil ein früherer oder späterer Aderlaß nicht so viel Nutzen bringen wird. Nicht aderlassen soll man bei zunehmendem

Mond, weil solcher Aderlaß schädlich ist, da jetzt die mit dem Blut vermischte faulige Flüssigkeit sich nicht leicht von ihm scheiden kann. Bei wachsendem (zunehmendem) Mond strömt nämlich das Blut und die zersetzte Flüssigkeit gleichzeitig wie in gegenseitig richtiger Menge im Menschen und lassen sich nicht leicht voneinander trennen.«

Nach dem Aderlaß

Nach dem Aderlaß soll sich der Patient Ruhe und Erholung gönnen. Außerdem soll er seine Augen vor Lichteinfluß schützen (kein Fernsehen, kein Skifahren oder Arbeiten am Computer) und eine geeignete Diät einhalten.

»Nach dem Aderlaß muß sich der Mensch drei Tage lang vor dem Strahlen des hellen Lichtes der Sonne wie auch vor dem Scheine des brennenden Feuers in acht nehmen, weil während dieser drei Tage das Blut im Menschen durch diese Helligkeit erschüttert wird und bebt und häufig dem Herzen Schaden bringt.« (CC 125,10–15)

Ebenso hat der Aderlaß nur dann die richtige Heilwirkung, wenn für eine gewisse Zeit eine Aderlaßdiät eingehalten wird.

- Nach dem Aderlaß sind zwei Tage lang verboten: pikante Speisen, Wurstwaren, alles Gebratene und Gebackene, Käse, Senf und Heringe sowie sehr fette Speisen, Schweinefleisch, Rohgemüse, Rohsäfte, Rohobst, starker Wein, Spirituosen und Bohnenkaffee.
- In kleinen Mengen sind erlaubt: Dinkel, Obst und Gemüse, gedünstete Äpfel und Zwieback sowie Fencheltee, Dinkelkaffee und leichter Weißwein oder gelöschter Wein.
- Empfohlen sind: alle Dinkelprodukte, Dinkelkaffee, dün-

ner Schwarztee, Kräutertee, Grahambrot und altes Hefegebäck, Brötchen, Teigwaren, gekochtes Reh- und Hirschfleisch, Hecht, Barsch, im Sommer Hammel- und Ziegenfleisch, Fenchelgemüse, Rüben, Kürbis, grüne Bohnen, Sellerie.

- Eine Woche lang sind zu meiden: Käse, alle Kohl- und Krautarten, Gurken, Feigen, Heidelbeeren (Schwarzbeeren), Leinsamen, Senfkörner und überflüssige Medikamente.
- Für immer sind zu vermeiden: die vier Küchengifte (Erdbeeren, Pfirsiche, Pflaumen, Porree oder Lauch) sowie Rohkost.

Zusammenfassend kann man aus humoralpathologischer Sicht sagen, daß der hildegardische Aderlaß die wichtigste Methode zur Entgiftung und zur Gesunderhaltung des Körpers ist. Es gibt wohl kaum eine Krankheit, die nicht durch den Aderlaß günstig beeinflußt wird, Ausnahmen sind akute Infektionskrankheiten und extreme Körperschwäche. Ganz besonders hat sich der hildegardische Aderlaß wie folgt bewährt:

- Verbesserung der Durchblutung bei Arteriosklerose: Thrombose-/Emboliegefahr, Herzinfarkt, Herzklappenfehler, Schlaganfallgefahr, Hörsturzgefahr, Drehschwindel, Gehirnerschütterung, Ohrensausen.
- Verbesserung des Gesamtstoffwechsels: normalisiert Cholesterin- und Blutfettspiegel, senkt Blutzucker, verbessert den Leberstoffwechsel, hilft der Niere bei der Ausscheidung von Harnsäure, Harnstoff, Creatinin und harnpflichtigen Substanzen.
- Hormonregulation: stimuliert die Ausschüttung des Cortisols in den Nebennieren, stimuliert die Sexualhormon-

produktion bei Unfruchtbarkeit und Kinderwunsch, beseitigt klimakterische Beschwerden.

- Entgiftung: bei Diätfehlern, Arzneimittelvergiftungen, Toxinbelastung nach Pilz- und bakteriellen Infektionen, Quecksilberbelastung nach Amalgamentfernung.
- Entzündungshemmende Wirkung: auf alle Organe und Entzündungsprozesse, bei Rheuma, Polyarthritis und Arthritis, bei allen akuten Entzündungszuständen wie Augenentzündung und Lungenentzündung.
- Schmerzbeseitigung: durch Ausschüttung von körpereigenem Morphin bei Cephalgien, Lumbalgien, Ischialgien.
- Anregung des körpereigenen Immunsystems: besonders der Bildung von Stammzellen im roten Knochenmark, aus denen die immunkompetenten Zellen entstehen.
- Blutbildung bei Anämie.
- Beseitigung überschüssiger Gallenflüssigkeit aus dem Blut bei Depressionen und Stimmungsschwankungen.
- Beseitigung von Blockaden, die der Heilung im Wege stehen, wie Schlackenstoffe, Entzündungsstoffe und Schmerzstoffe.
- Anregung der Selbstheilungskräfte und Vorbeugung vor schweren Erkrankungen.

Die Aderlaß-Prognose

Das Aderlaßblut bestätigt in glänzender Weise, was Hildegard unter guten und schlechten Säften versteht. Nach 24 Stunden wird geprüft, ob und auf welche Weise sich Serum und Blutkuchen getrennt haben. Dies ist jeweils ein Indikator, ob gute oder schlechte Säfte vorliegen, das heißt, ob der Patient gesund ist oder nicht. In manchen Fällen konnte anhand des Aderlaßblutes abgelesen werden, ob es sich bei einer Erkrankung um einen gutartigen oder bösartigen Tumor handelt. Bei gesunden Menschen gibt es keine oder so gut wie keine Trennung der Säfte, während beim kranken eine starke Trennung von Blutkuchen und Serum auftritt. Diese Patienten bestelle ich rasch wieder in die Praxis, um abzuklären, was hinter diesem Phänomen steckt.

Darüber hinaus kann das Serum klar oder wachsartig sein, wobei das Wachsartige wiederum mit schwarzen Punkten durchsetzt sein kann. Hier beschreibt Hildegard schwere Krankheiten, die zum Tode führen können, es sei denn »Gott will nicht« oder die Hildegard-Heilmittel helfen. Ich habe schon sehr viele Phänomene beobachtet, fotografiert und zugeordnet. Man kann darüber spekulieren oder auch nicht. Das Wichtigste beim Aderlaß ist die Aussage, ob jemand gesund oder krank ist.

Zusammenhänge mit der Blutsenkung habe ich nicht feststellen können, denn manchmal ist die Blutsenkung normal, und die Säfte sind es nicht und umgekehrt.

Viele Patienten erschrecken, wenn sie ihr Aderlaßblut sehen. Aber im Prinzip können sie glücklich sein, daß durch den Aderlaß schlechte Säfte entfernt wurden und daß sie nun die geeigneten Heilmittel einnehmen können, um wieder gesund zu werden. Wer noch mehr wissen will, lese bei Hildegard nach:

»Ein Mensch, dessen Aderlaßblut trüb ist wie der Atemhauch eines Menschen und schwarze Flecken in der Trübung hat, mit wachsartigen Veränderungen rund um den Rand, wird bald sterben, falls ihn nicht Gott zum Leben zurückbringt. Die trübe Farbe zeigt an, daß die Säfte in ihrer Kälte auf den Tod zugehen. Die schwarzen Flecken im Blut lassen erkennen, daß die Schwarzgalle am Absterben

ist, und die wachsartige Umrandung zeigt an, daß sich die Galle auf dem Weg zum Tod befindet. Wenn die Blutfarbe trüb und wachsig ist, aber ohne schwarze Flecken, kann der Mensch dem Tod entkommen. Er wird aber sehr krank, weil die Säfte in ihrer Kälte schon absterben, obwohl die schwarzen Flecken der Schwarzgalle noch nicht aufgetreten sind. Deshalb wird er dem Tod entgehen.
Wenn aber das Blut schwarz und trüb ist, ohne die wachsartige Umrandung, so handelt es sich um einen ganz verzweifelten Fall, so daß er von seinen Leiden nur von Gott erlöst werden kann. Dennoch kann er dem Tod entrinnen, obwohl die Schwarzgalle und die Säfte absterben; weil die Galle unberührt bleibt, braucht der Mensch nicht zu sterben. Erscheinen aber alle drei Farben gleichzeitig, besteht Lebensgefahr, und der Mensch kann dem Tod nicht entgehen, wenn ihn Gott nicht selbst am Leben erhält …
Sind dagegen die Farben voneinander getrennt, so daß eine Farbe fehlt, dann kann der Mensch dem Tod entrinnen, allerdings unter großen Schmerzen.« (CC 124,20ff.)

Patientenbericht

»Nach einem fünfwöchigen Krankenhausaufenthalt im Mai 1990 erhielt ich die Diagnose ›malignes Non-Hodgkin-Lymphom‹. Nach dieser Nachricht wurde ich nach den Methoden der Hildegard-Medizin behandelt. Um einige zu nennen: Hirschzungenelixier, Wasserlinsenelixier, Wermuttrank, Galgant, verschiedene Tees usw. Dazu kam halbjährlich ein Aderlaß nach der hl. Hildegard von Bingen. Meine Ernährung habe ich sofort auf Dinkelprodukte umgestellt: kein weißes Mehl, keinen weißen Zucker, keine Nachtschattengewächse, keine tierischen Fette außer Butter.

Diese Ernährungsumstellung empfahl mir auch mein Hausarzt, der mich mit Naturheilmitteln behandelt: Eigenblutspritzen, die mit homöopathischen Substanzen angereichert werden, sowie Mistelspritzen. Ich lebe nun bereits fünf Jahre mit dieser Krankheit, und es geht mir gut. Ich fühle mich wohl, ohne ein chemisches Mittel oder Bestrahlung bekommen zu haben.
Meine starken Schmerzen im Oberbauch, die Entzündungen von Milz, Leber, Magenschleimhaut existieren nicht mehr; ich habe auch keine geschwollenen Lymphknoten am Hals mehr.«

Fallbeispiele

- Die 53jährige Patientin hat in ihrer rechten Brust einen Knoten entdeckt, der ein Jahr lang mit Wasserlinsenelixier, Dinkelkost und Veilchensalbe behandelt wird. Die Hildegard-Aderlaß-Prognose ist gut und deutet auf keine Bösartigkeit hin. Kurz danach wird die Gutartigkeit durch eine Gewebeprobe bestätigt.
- Bei dem 15jährigen Jungen wird im linken Knie ein gutartiger Tumor entfernt. Nach einem Jahr bildet sich im rechten Knie erneut ein Tumor, der operativ entfernt werden soll. Nach Aderlaß, Dinkelkost und Kur mit Wasserlinsenelixier verschwindet der Tumor und kann im Röntgenbild nicht mehr gesehen werden. Eine Operation ist überflüssig.
- Die 60jährige Patientin hat an der Gebärmutter eine 2 cm große Zyste, die operativ entfernt werden soll. Nach Aderlaß, Behandlung mit Wasserlinsenelixier und Veilchensalbe verschwindet die Zyste, und die Operation ist nicht mehr erforderlich.
- Der 38jährige Kaufmann hat in den letzten sieben Jah-

ren Raubbau an seiner Gesundheit getrieben. Es treten Krampfanfälle auf, die von einem inoperablen Tumor (Astrozytom) an der rechten Schläfe ausgelöst werden. Zweimal täglich nimmt er 600 mg Timonil, was zu keiner wesentlichen Besserung führt. Inzwischen ist auch noch ein streßbedingter Hörsturz eingetreten. Das Sehen und Hören sind seitdem beeinträchtigt. Umstellung auf Dinkelkost, Aderlaß, Einnahme von Galgant und Wasserlinsenelixier konnten das Geschehen so weit stabilisieren, daß nur noch selten Krämpfe auftreten. Zehn Tage nach dem Aderlaß kann der Patient schlagartig besser sehen.

➻ Der 61jährigen Patientin wird die rechte Brust im Juni 1989 wegen eines bösartigen Tumors entfernt. Anschließend Bestrahlung, dadurch Übelkeit und Aufstoßen sowie noch größere Abwehrschwäche. Weitere Behandlung mit Hormonpräparaten, die sie wegen gefährlicher Sehstörungen absetzen muß. Das Medikament selbst ist krebserregend. Die Folge: Drehschwindel und Erbrechen.

Ab September nur noch Rezidivprophylaxe nach der Hildegard-Medizin: jährlich Aderlaß, Dinkelkost, einmal jährlich eine Kur mit Wasserlinsenelixier, Einnahme von Wermuttrank und Anguillan, Darmsanierung.

Der Drehschwindel verschwindet nach dem ersten Aderlaß. Die Patientin erlebte keinen Rückfall.

Die Reinigung der Seele

Nachdem Hildegard ihre medizinischen Bücher *Causae et Curae* und *Physica* abgeschlossen hat, widmet sie in den Jahren 1158–1163 ihre ganze Aufmerksamkeit den Heilkräften der Seele. Es entsteht das große psychotherapeutische Buch von den Verdiensten der Seele, in dem der Kampf der Tugenden und Laster beschrieben wird. Zu den 30 Tugenden des Scivias-Buches fügt Hildegard noch 5 Leitkräfte hinzu und stellt jeder Tugend ein Laster zur Seite. Auf diese Art und Weise entsteht eine Psychotherapie mit 35 Konfliktpaaren – angeordnet von Kopf bis Fuß –, die alle Stationen des menschlichen Lebens beschreiben, von der Empfängnis bis zum Tod. So entsteht ein brauchbares Konzept, das alle Problemkreise des Menschen im Laufe seines Lebens umfaßt, wobei in 28 von 35 Fällen das Fasten das Universalheilmittel ist, um hinter den Lasten und Lastern die Tugenden und Heilkräfte zu finden.

Mit diesen Fasten- und Aufbauseminaren haben wir in den letzten 15 Jahren Hunderten von Patienten aus seelischen Krisen geholfen. Besonders sinnvoll ist das Fasten, um schwierige Lebensfragen sinnvoll zu lösen, etwa: Welche seelischen Ursachen hat mein Tumorleiden, und wie kann ich diese Wunden wieder heilen?

Man kann das Fasten in drei Schwierigkeitsgraden durchführen:

1. Leichtester Schwierigkeitsgrad: Eine Ernährungsumstellung auf Dinkel, Obst und Gemüse mit einmal wöchentlich Fisch und einmal wöchentlich Fleisch.
2. Mittlerer Schwierigkeitsgrad: Jeden Tag normale Hildegard-Küche auf der Basis von Dinkel, Obst und Gemüse, aber jeden zweiten Tag Brotfasten, das absolut frei ist von tierischem Eiweiß und Fett. Zum Beispiel morgens Habermus oder Dinkelbrot. Mittags Kopfsalat mit butterweich gekochten Dinkelkörnern. Abends Dinkelschrotsuppe mit Gemüse und Dinkelbrot. Es kann so viel Brot gegessen werden, bis ein Sättigungsgefühl eintritt, aber ohne Wurst, Käse oder Eier.

Dieses Fasten kann drei bis sechs Monate lang ohne Schwierigkeiten durchgeführt werden.

3. Höchster Schwierigkeitsgrad: Das Hildegard-Fasten auf der Basis von Dinkelgrieß-Gemüsesuppen, Fencheltee, Apfelsaft oder Dinkelkaffee.
   Auch diese Schutzkost verzichtet auf tierisches Eiweiß und ist ein gutes Vorbeugungsmittel gegen Zivilisationskrankheiten.

Es gibt aus ernährungsbedingter Sicht genügend Gründe, mindestens

- einmal täglich,
- einmal 1 Tag wöchentlich,
- einmal 1 Woche monatlich,
- einmal 1 Monat jährlich

auf tierisches Eiweiß und Milcheiweiß zu verzichten. Die Hildegard-Küche ist abwechslungsreich, wohlschmeckend und stellt an den Koch keine besonderen Anforderungen. Das Geheimnis liegt darin, den Dinkel und seine Produkte in den Mittelpunkt zu stellen und sie mit den heilenden Lebensmitteln zu ergänzen.

Nach dem Fasten ist der beste Zeitpunkt, um auf eine gesunde und optimale Ernährung umzustellen. Hier ein typischer Speiseplan für eine Aufbauwoche, wie sie nach dem Fasten durchgeführt wird.

Speiseplan für eine Fasten-Aufbauwoche

Sonntag:

Klare Brühe mit Gemüsestreifen
gedünstete Fenchelhälften und Karotten, Dinkelreis, grüner Salat
Apfelkompott

abends:
Suppe, Rote-Bete-Auflauf, vegetarischer Auflauf

Montag:

Gemüsesuppe
Grießklößchen mit Quendelsauce, Bohnen, Pastinaken, grüner Salat
Birne Melba

abends:
Fenchel-Orangen-Mandelsalat, Maroniaufstrich

Dienstag:

Maronisuppe
bunter Gemüseauflauf, grüner Salat
Rote Grütze

abends:
Gemüsenudelsalat

Mittwoch:

Karottencremesuppe
Kichererbsenpüree, Gemüseplatte, Salat
Sauerkirschkompott

abends:
Apfel-Zwieback-Auflauf, Rotweinsauce

Donnerstag:

Rote-Bete-Suppe
Karotten-Sellerie-Gemüse, Salat
Maronikuchen

abends:
Fenchel-Apfelsalat, vegetarischer Aufstrich

Freitag:
Dinkelschrotsuppe
Fischfilets mit Weinsauce auf Blattspinat, Salat
Obstsalat

abends:
Gemüsesülze, vegetarischer Aufstrich

Samstag:
Kürbissuppe
Kräutergrießschnitten im Dampf gegart mit Muskatsauce, Karotten und Sellerie, grüner Salat
Bratapfel mit Zimt und gehackten Mandeln

abends:
Gemüsehörnchen, Salat

Die Psychotherapie der hl. Hildegard

Der Kampf gegen den Krebs bleibt jedoch eine ziemlich oberflächliche Angelegenheit, solange man versucht, allein durch richtiges Essen und Trinken, genügend Schlaf und Bewegung und Vermeidung der äußeren Risikofaktoren den Krebs zu beseitigen.

Nur wer in der Lage ist, sein Leben von Grund auf zu ändern, und die Ursachen, die den Tumor ausgelöst haben, erkennt, verarbeitet und beseitigt, kann davon ausgehen, daß er dem Tumor die Lebensgrundlage entzieht. Für diese Aufgaben sind Kräfte notwendig, die sich in der tiefsten Seele des Menschen befinden und ihren Ursprung bei Gott haben. Hildegard nennt diese Heilkräfte »das göttliche Militär« *(milicia Dei)* und »operierende Kräfte *(operarii Dei)*. Diese Vorstellungen Hildegards sind schon mehr als 850 Jahre alt und werden heute durch die neue Wissenschaft der Psychoneuroimmunologie Zug um Zug entschlüsselt.

Wir erkennen immer mehr die großartigen Zusammenhänge zwischen Schöpfer, Kosmos, Mensch und Schöpfung, dieses Zusammenspiel von Lebensenergie und Materie, deren Energiefelder über biochemische Botenstoffe miteinander verknüpft sind.
Hildegards visionäre Schau ist in ihrem medizinischen Lehrbuch beschrieben: »Der Mensch ist ein Spiegel aller Wunder Gottes und die ganze himmlische Harmonie ein Spiegel der Gottheit ... Daher sind Gott und Mensch eins wie Seele und Leib, weil Gott den Menschen nach seinem Bilde und als sein Gleichnis geschaffen hat ... So ist der Mensch ein Werk Gottes ... Alles, was der Körper bedarf, verschafft ihm die Seele ... Die Seele ist mächtiger als der Körper ..., so ist die Seele das Schaffende *(operatrix)* und der Körper das Wunschdenken *(desiderat)* ... So besteht der Mensch aus zwei Naturen: Körper und Seele ... Die Seele verteilt die Säfte richtig durch den ganzen Körper und scheidet Überflüssiges aus ... An keiner Stelle ist der Körper ohne Seele, weil sie mit ihrer Lebenskraft den ganzen Körper erfüllt ... So zieht auch die Seele wie ein Lebenshauch *(spiraculum vitae)* in das Ungeborene und löst bei ihrer Ankunft die ersten Kindsbewegungen aus.«
Von nun an arbeiten Leib und Seele untrennbar bis zum letzten Atemzug zusammen: »Die Seele erwärmt das Blut, läßt es durch den ganzen Körper fließen, regeneriert das Fleisch (eigentlich lateinisch: *caro* = Zellkern) mit seinem Erbgut, verleiht den Knochen Festigkeit und fügt sie in seinem Körper wie eine großartige Architektur zusammen, damit er nicht einstürzt ... Sie fließt in den Blutgefäßen und erfüllt Fleisch und Knochen mit Blut ... Sie sitzt in den Augen, damit diese wie durch ein Fenster das Licht der Ewigkeit (Engelslicht) sehen ... Sie sitzt im Herzen, um es mit

den Flügeln des Wissens der Weisheit auszurüsten ..., im Bauch, um die Eingeweide zusammenzuhalten, die Nahrungssäfte zu verteilen und in die einzelnen Organe, ins Gehirn, das Herz, die Lungen, die Leber und alle anderen Organe zu leiten, um sie zu kräftigen ... Sie sitzt in den Schenkeln, um die Sexualität zu regulieren, und schließlich in den Füßen, die den Menschen tragen, und so festigt die Seele die Gestalt des Körpers.«

So hängt alles untrennbar miteinander zusammen und ist zusätzlich über die vier Elemente mit dem Kosmos verbunden, wobei Feuer und Luft himmlischer und Wasser und Erde irdischer Natur sind. Diese vier fügen sich im Menschen zusammen, wobei jedes Element das andere unter Kontrolle und im Gleichgewicht hält. Das Wasser wirkt dem Feuer entgegen, und das Feuer kann das Wasser löschen. Jedes Element aber wird durch den Meister regiert. Diese Zusammenhänge regeln das ganze Universum.

Vor dieser Gesamtschau können wir nun auch die Zusammenhänge des Menschen mit seinem Leib und seiner Seele, mit seinen Gedanken und Gefühlen und den natürlichen Kräften verstehen, die Gesundheit oder Krankheit regulieren. Krebs entsteht – wie Hildegard immer wieder betont – durch die Verletzungen, Kränkungen und Wunden der Seele. Die Seele aber ist in der Lage, Heilkräfte zu mobilisieren, die sie über das Bewußtsein in Vorstellungen, Bilder Gedanken oder Willenskräfte umsetzt. Im Gehirn, im Hypothalamus, dem Gefühls- und Gedankenzentrum des Menschen, werden sie in biochemische Moleküle und Nervenströme transformiert. Von hier aus gelangen sie in die Hirnanhangsdrüse, die diese Impulse in Hormone übersetzt und damit Schilddrüse, Nebennieren und Sexualorgane reguliert. Von ganz großer Bedeutung sind die Erkennt-

nisse, daß auch das körpereigene Immunsystem mit der Psyche über die gleichen Botenstoffe verbunden ist. Durch dieses Zusammenspiel hat der Mensch seine allerstärksten Einflußmöglichkeiten, das Krebsgeschehen unter Kontrolle zu halten. Alle 35 von Hildegard beschriebenen Tugendkräfte sind in der Lage, das Immunsystem gegen den Krebs zu aktivieren, alle 35 negativen seelischen Risikofaktoren schwächen das Immunsystem (siehe Tabelle auf Seite 181).
Wie Hildegard richtig schreibt, ist die Psyche über das Nervensystem mit allen anderen Organen des menschlichen Körpers verbunden und reguliert deren vitale Funktionen. Das menschliche Gehirn ist Drehscheibe und Ursprung der Gesundheit und des Wohlbefindens und wird vom Bewußtsein und den Wertmaßstäben des Menschen beeinflußt.
So besteht eine starke Wechselbeziehung zwischen dem Menschen und seinen Konflikten mit sich, der Umwelt und mit Gott, die sich durch negative Gefühle wie Zorn oder Wutausbrüche, aber auch durch stillen Kummer im Körper bemerkbar machen können. Demut ist nach Hildegard ein Heilmittel, um durch die Schwierigkeiten und Verletzungen des Lebens zu wachsen und nicht zugrunde zu gehen. Wer die Demütigungen nicht überwindet, sondern immer wieder als Treibstoff für neuen Kummer verwendet, zerstört sein Immunsystem und kann seinen Tumor niemals beseitigen, auch wenn er sich zehnmal operieren läßt. Sobald der seelische Konflikt aufgearbeitet, vergeben und verziehen ist, hat der Tumor keine Chance mehr.
Es ist also wichtig, die inneren Schwächen, die das Immunsystem unterdrücken, unerschrocken zu erkennen, weil sie die eigentlichen krankheitsauslösenden Ursachen sind, und hinter ihnen die seelischen Heilkräfte zu sehen, die einen aus diesen Konflikten wieder herausführen.

Auf der rechten Seite der nachfolgenden Tabelle finden Sie die Heilkräfte der Seele, die in der Lage sind, das Abwehrsystem zu mobilisieren. Hildegard nennt diese Kräfte die allerbesten Waffen gegen den Krebs.
Auf der linken Seite sehen Sie 35 innere seelische Risikofaktoren, die das Immunsystem schwächen und damit auch den Krebs auslösen und am Wachstum halten.

Laster und Tugenden

Kopfregion	*Das Leben vor dem Leben*
1. Liebe zur Welt	1. Liebe zum Himmlischen
2. Ausgelassenheit	2. Disziplin
3. Vergnügungslust	3. Bescheidenheit
4. Unbarmherzigkeit	4. Barmherzigkeit
5. Feigheit	5. Gottvertrauen
6. Zorn	6. Geduld
7. Schadenfreude	7. Sehnsucht zu Gott
Rumpf–Hüfte	*Schwangerschaft*
8. Gefräßigkeit	8 Enthaltsamkeit
9. Verbitterung	9. Großzügigkeit
10. Unzuverlässigkeit	10. Güte
11. Lüge	11. Wahrheitsliebe
12. Streitsucht	12. Friede
13. Unglückseligkeit	13. Glückseligkeit
14. Maßlosigkeit	14. das rechte Maß
15. Gottlosigkeit	15. Seelenheil
Oberschenkel–Knie	*Kindheit und Jugend*
16. Hochmut	16. Demut
17. Neid	17. Nächstenliebe
18. Ruhmsucht	18. Gottesfurcht

19. Ungehorsam	19. Gehorsam
20. Unglaube	20. Glaube
21. Verzweiflung	21. Hoffnung
22. Wollust	22. Keuschheit
Waden–Knöchel	*Erwachsenenalter*
23. Ungerechtigkeit	23. Gerechtigkeit
24. Schwäche	24. Stärke
25. Gottvergessenheit	25. Heiligkeit
26. Unbeständigkeit	26. Beständigkeit
27. Sorge um das Irdische	27. Sehnsucht zum Himmel
28. Hartherzigkeit	28. Herzensgüte
29. Habsucht	29. Weltverachtung
30. Zwietracht	30. Eintracht
Füße	*Alter*
31. Schrulligkeit	31. Ehrfurcht
32. Umherschweifen	32. Stabilität
33. Magie	33. Gottesdienst
34. Geiz	34. Genügsamkeit
35. Weltschmerz	35. Himmlische Freude

Sie können nun entweder links oder rechts anfangen und sich zum Beispiel fragen:

- Nr. 1: Bin ich ein Kind der Weltliebe? Nimmt materieller Besitz in meinem Leben die erste Stelle ein? Oder fehlt mir die Liebe zum Himmlischen, also der Blick für die eigentlichen Werte im Leben: Liebe, Geborgenheit, Warmherzigkeit?
- Nr. 2: Läuft mein Leben chaotisch ab? Oder fehlt mir die Disziplin? Also eine feste Lebensordnung, ein regelmäßiger Tagesablauf im Wechsel von Arbeit und Entspannung?

- Nr. 6: Bin ich innerlich verletzt, verwundet, zornig? Habe ich eine Wut im Bauch? Fresse ich meinen Kummer in mich hinein? Oder im Gegenteil: Gehe ich wegen jeder Kleinigkeit in die Luft? Fehlt mir die Geduld als Heilmittel (lateinisch: *patientia*, von der das Wort »Patient« abgeleitet ist)?

Bei Krebs und Präkanzerose sieht Hildegard besonders sechs Kräfte am Wirken:

- Nr. 8: die Enthaltsamkeit oder Abstinenz von allem, was das Krebswachstum fördert, wie zum Beispiel Streß, Alkohol, Nikotin, zuviel Fleisch, fetter Käse, Eier, Milchprodukte, Durcheinanderessen, Küchengifte und alles, was die Schwarzgalle seelisch »zum Aufkochen« bringt.
- Nr. 11 und 12: die Liebe zur Wahrheit und zum Frieden, die Hildegard als Voraussetzung für das menschliche Glück (Nr. 13) ansieht.
- Eine weitere seelische Heilkraft bei der Krebstherapie ist die Ehrfurcht vor Gott und seiner Schöpfung (Nr. 18), die von unserer Gesellschaft heute mit Füßen getreten wird.
- Nr. 26: Die Beständigkeit oder Stabilität ist die zentrale Kraft gegen das Auf und Ab des täglichen Lebens. Diese Kraft verleiht dem Menschen den inneren Halt und das feste Fundament, auf das er sein Leben gründen kann. Wo diese Kraft fehlt, entsteht Unruhe. Der Mensch kann dann wie ein schwankendes Rohr durch jede Kleinigkeit aus der Fassung gebracht werden.
- Nr. 32: Das Umherschweifen kennzeichnet einen Menschen, der überall und nirgends zu Hause ist. Diese Schwäche tritt heute sehr deutlich bei vielen Krebspatienten zutage, die ihr Heil sowohl in der Schulmedizin als auch in der Naturheilkunde finden wollen. Dauernd

sind sie auf der Suche nach noch einem Wundermittel. Irgendwann muß aber eine Entscheidung fallen, nach welcher Methode geheilt werden soll, weil das Umherschweifen ganz besonders das Vertrauen in die eigenen Heilkräfte zerstört.

Wie schon beschrieben, sind alle diese Kräftepaare über das Nervensystem mit dem Körper und seinen Abwehrkräften verbunden.
Symbolisch sieht Hildegard einen Menschen im Universum stehen und beschreibt seine Körpersegmente von Kopf bis Fuß im Zusammenhang mit den 35 Körperpaaren: »Ich sah einen Mann von solch einem hohen Wuchs, daß er von der obersten Höhe der Himmelswolken bis hinunter in die Abgründe reicht. So stand er da: Von seinen Schultern aufwärts ragte er über die Wolken hinaus in den strahlenden Äther (Kopfregion). Von den Schultern abwärts bis zu seinen Hüften umschwebte ihn, unterhalb der erwähnten Wolkenschicht, eine andere blendendweiße Wolke (Rumpf-, Hüftregion). Von den Hüften bis zu seinen Knien umspielte ihn die irdische Luft (Oberschenkel-, Knieregion). Von den Knien bis zu seinen Waden befand er sich in der Region der Erde (Waden-, Knöchelregion). Seine Füße schließlich tauchten in die Wasser des Abgrundes, jedoch so, daß er dabei noch über dem Abgrund stand (Fußregion).«
Diese fünf Abschnitte symbolisieren gleichzeitig den Lebensweg des Menschen vom Moment seiner Zeugung bis zu seinem Tod.
35 seelische Kräftepaare schreibt Hildegard dem Menschen zu. Er hat aber auch 35 Wirbel, aus denen links und rechts jeweils ein Nervenstrang heraustritt, um ganz bestimmte Körpersegmente und Organe zu regulieren. Die heutige

Anatomie bestätigt vier Segmente mit insgesamt 35 Wirbelkörpern, wobei die letzten Wirbel von Kreuzbein und Steißbein verwachsen sind. Hildegards letzte Gruppe, Nr. 31–35, die den Füßen zugeordnet ist, hat übergeordnete Funktionen in bezug auf die vorangehende Gruppierung: Nr. 31 ist der ersten Gruppe, Nr. 32 der zweiten, Nr. 33 der dritten und Nr. 34 der vierten Gruppe übergeordnet. Nr. 35, der Weltschmerz und die himmlische Freude, triumphieren über alle anderen Kräfte. Daher ist es auch so wichtig, in der Hildegard-Heilkunde dem Krebspatienten Freude zu bereiten und die Schwarzgalle zu beseitigen. Alle 2000 Hildegard-Heilmittel haben kein anderes Ziel, als die Schwarzgalle als auslösende Ursache des Krebsleidens zu neutralisieren.

Die Heilkraft der Reue und die Therapie für die Herzenshärte

Krebs ist eine Lebenskrise. Das heißt aber nicht, daß damit auch automatisch das Leben zu Ende gehen muß. Vielmehr muß der Patient eine totale Wende in Richtung Heilung vollziehen. Die Heilkraft für diese Umkehr wird um so stärker sein, je intensiver sich sein Wille bemerkbar macht, den Krebs zu bekämpfen. Diese Kraft entzündet sich an der Frage: Gibt es einen Gott? Solange der Mensch diese Frage bejahen kann, kann ihm geholfen werden.
Die *compunctio cordis* – das Herzklopfen – ist nach Hildegard keine Krankheit, sondern eine Aufforderung der Seele, den bisherigen krank machenden Lebensstil radikal zu ändern. Durch diese Kraft wird alles wieder neu, denn sie ist – nach Hildegard – die Schöpfungskraft des ersten

Schöpfungstages. Die Reue produziert Tränen, von denen wir heute wissen, daß sie nicht nur den »Verstand reinigen können«, sondern auch für das Wohlbefinden zuständig sind. Tränen dienen der körperlichen Gesundheit: Sie enthalten entzündungshemmendes Thiocyanat, senken den Streßhormonspiegel im Blut und können das Immunsystem aktivieren. Die Reue ist wie Wasser, das alles reinigt, alles trägt, alles heiligt, alles durchdringt wie eine gute Medizin. In der Reue gibt der Mensch seine Trennung von Gott auf. Die Reue fügt wieder zusammen, was zusammengehört. Die Reue steht am Anfang auf dem Weg zu Gott.

Hildegard sieht die Herzenshärte symbolisch wie einen Stier, der, durch das rote Tuch gereizt, mit aller Kraft blindlings seinem Untergang entgegenstrebt. Voller Zorn geht er auf alles los, selbst wenn es sein eigenes Leben kostet: »Was könnte es mir schon schaden, in bestimmten Situationen meines Lebens hart zu bleiben? ... Es macht mir überhaupt nichts aus, daß ich nicht seufzen kann. Ganz im Gegenteil, viele sind doch schon durch ihren Kummer zugrunde gegangen und in ihren eigenen Tränen ertrunken. Warum sollte ich mich daher ändern?«

Die Stiergestalt repräsentiert die Herzenshärte, die aus der Sorge um das Irdische entsteht. Die Menschen, die sich dauernd in die irdischen Ängste hineinsteigern und hineinbohren, verfallen durch ihren eigenen Starrsinn der Herzenshärte: »Wer innerlich versteinert ist, gleicht den Toten, die weder hören noch sehen können, noch durch Gottes Hauch wieder bewegt werden können. Denn die Sturheit ist so bösartig, daß sie auch durch ihre eigene innere Gefühllosigkeit nicht mehr zu erweichen ist.«

Der Mensch ist von Natur aus gesund, und die Krankheiten sind meistens eine Folge von Konflikten, in die er durch

seine Umgebung hineingeraten ist. Hildegard nennt diese Kräfte »Geister« oder »Dämonen«.
»Ich sah in der Menge noch andere Geister und hörte sie mit viel Klamauk schreien: Wer ist dieser Gott, der uns so viele Schwierigkeiten bereitet? Diese Mächte treiben die Menschenherzen in die Verhärtung und Versteinerung und feuern sie an, sich geistig querzulegen.«
In den Seelen der Hartherzigen herrscht Finsternis und Feuer aus Pech und Schwefel. Ihre finsteren Gedanken verhärten den Körper und lagern sich als Giftstoffe und Schlacken in den Körperzellen ab: »Ich erblickte eine Finsternis, in der Pech und Schwefel brannten. Hierin wurden die Seelen derjenigen Menschen gequält, die sich zu Lebzeiten dem Starrsinn des Geistes hingegeben hatten. Sie hatten sich gegen Gott verschlossen und mußten nun in der Dunkelheit des Feuers brennen. Hier wurden sie mit Pech beschmiert, weil in ihnen kein Tugendleben mehr war. Schwefel schädigte sie und vergiftete sie, weil sie jegliche Reue ablehnten. Sie stießen gewaltige Klagerufe aus und konnten ihre Hände nicht mehr in Seufzen und Gebet zu Gott erheben.«
Die Psychotherapie für die Herzenshärte ist nicht leicht: Hildegard empfiehlt Fasten, körperliche Abhärtung und Gebete auf den Knien unter Tränen der Reue, damit die Heilenergie aus dem Himmel wieder fließen kann.
»Menschen, die dem Starrsinn des Geistes verfallen sind, sollen dieses Laster ablegen und keine Rücksicht auf die bösartigen Mächte nehmen, die sie in diese Belastung geführt haben. Sie sollen sich mit Fasten und körperlicher Abhärtung beschäftigen und die Folgen dieses Lasters meiden. Auf Knien und unter Tränen sollen sie Gott bitten, daß Er sich ihrer erbarme.«
Umkehr ist nicht leicht. Sie tut manchmal sogar weh, weil

festgefahrene Lebensgewohnheiten geändert werden müssen und weil wir versucht sind, alles beim alten zu belassen. Die Herzenshärte hat den Menschen in einen Stier verwandelt. Dieses Monster muß zunächst getötet werden, um Pech und Schwefel zu beseitigen. Durch die Entgiftung werden Schlackenstoffe frei, so daß es zu einer Rückvergiftung kommen kann, die alles viel schlimmer macht, als es war. Alle Tumorpatienten werden an irgendeiner Stelle ihres Leidens durch dieses tiefe Tal geführt, entdecken dann aber immer wieder auch das Morgenlicht, das sie aus der Finsternis herausführt:
»Was bildest du dir eigentlich ein, du bitteres Wesen der Herzenshärte, wenn du meinst, du müßtest dich nicht anstrengen? Alle Vögel und Fische, die wilden Tiere, die Würmer und Reptilien mühen sich auf dieser Erde für ihr Leben ab ... Und warum kämpfst du so leidenschaftlich gegen Gott? Ich trinke vom Tau Seines Segens und lächle Ihm aus der Reue meines Herzens zu. Lächelnd unter Tränen: Herrgott, hilf mir! Mit tönenden Harfenklängen antworten mir die Engel und loben Gott, wenn ich zu Ihm rufe. Daher leuchtet mir die Morgenröte Seiner Gnaden entgegen. Und so gibt Er mir die Speise des Lebens, weil ich Ihn bitte, Er möge mich nicht im Stich lassen. Du aber bekommst nichts von Ihm, weil du auch nichts von Ihm erbittest.«

Der Weg der Heilung

»Gott berührt den Tumor und schaut nicht an ihm vorbei. Er spricht zu ihm: Ich verlasse diesen Menschen nicht.«
Drei Schritte des Tumorpatienten sind immer wieder erforderlich:

1. Der Mensch seufzt auf, schaut auf sich und sagt: »So kann es mit mir nicht weitergehen.«
2. Dann schaut er nach einem Ausweg: »Wohin soll ich mich wenden?«
3. Nun steht er vor Gott und ruft: »Zu wem soll ich eilen?«

Durch diese entscheidenden Schritte blickt der Tumorpatient von sich weg auf Gott und findet dort seine Rettung. Obwohl er todkrank sein kann, wird seine Seele geheilt.
Sie wissen nun alles, was man aus der Sicht der Hildegard-Heilkunde wissen muß, um Krebs und Abwehrschwäche zu bekämpfen. Nun fehlt Ihnen nur noch eines: Sie müssen Ihr Wissen vom Kopf durchs Herz in Ihre Hände schicken und auch tun, was Hildegard empfiehlt. Selbst wenn Ihr Körper nicht mehr kann, können Sie Ihre Seele noch heilen und mit Gott weiterleben, weil in Gott nichts Totes ist. Dann können Sie todkrank sein, aber dennoch gesund.
Der Gesundheitszustand des Menschen ist nach Hildegard von der Ordnung und dem Zusammenspiel aller kosmischen Lebenselemente Feuer, Luft, Wasser und Erde abhängig, die auch für das Gleichgewicht der Körpersäfte, die Ordnung der Erbanlagen und die Regulation der Körpertemperatur, der Atmung, des Stoffwechsels, des Blutes, für den richtigen Auf- und Abbau der Körperzellen sowie für die Intelligenz zuständig sind. Beim Krebs sind diese kosmischen Elemente durcheinandergeraten, und die natürliche Ordnung ist zerstört. Durch die Wiederherstellung dieser Ordnung gelangt der Kranke in sein ursprüngliches göttliches Gleichgewicht zurück.

Anzeige

Georg Jasper

Zurück im Leben

Mein Weg aus dem Krebs

Naturheilkunde – Hildegard von Bingen

Vor mehr als zehn Jahren galt Georg Jasper als unheilbar an Krebs erkrankt. Heute radelt er täglich 25 km. In seinem Buch beschreibt er den Weg seiner ungewöhnlichen Heilung.

136 Seiten, € 10,10. ISBN 3-9806304-0-4 Hildegard Forum Verlag

Krebs-Lexikon

Adenokarzinom: Von der Schleimhaut ausgehendes Karzinom, das wie Drüsen ein Sekret absondert, vor allen Dingen in Magen, Darm, Eierstock, Gebärmutter und Lunge.

Adenom: Gutartige Geschwulst (Polyp) der Schleimhaut des Magen-Darm-Traktes, die zu einem Adenokarzinom entarten kann.

Adenosarkom: Vom Bindegewebe ausgehender maligner Tumor, der rasch über die Lymphbahnen und das Blut metastasiert. Es gibt Knochensarkome, Osteosarkome und Weichteilsarkome (Fibrosarkom, Liposarkom).

AIDS: Acquired Immune Deficiency Syndrome (dt. Erworbenes Immundefekt-Syndrom).

Antigene: Stoffe, die zur Bildung von Antikörpern führen und das Immunsystem zu einer Abwehrreaktion anregen.

Antikörper: Zellen des Immunsystems, die Antigene erkennen und markieren, damit sie von der Abwehr vernichtet werden. Gegen jedes eingedrungene Antigen werden spezielle Antikörper gebildet, die das jeweilige Antigen binden. Der Nachweis der Antikörper ist die Grundlage für die Erkennung von Viren, zum Beispiel beim HIV-Antikörpertest.

Antioxidanzien: Vitamin E, C und Beta-Karotin, Mineralien sowie rote und gelbe Frucht- und Gemüsefarbstoffe, sogenannte Bioflavonoide, die die krebsauslösenden freien Radikale einfangen oder verhindern, daß sie durch die Zellmembran in den Zellkern gelangen, um hier Krebs auszulösen.

Bestrahlung: Energiereiche Röntgenstrahlen, die in der Lage sind, zum Beispiel inoperable Tumore zu verkleinern oder zu beseitigen. Bei Überdosierung verbrennen auch benachbarte Gewebe und Organe. Es kommt zur Schädigung des Blutbildes, vor allem nach Bestrahlung des Unterleibes, des Darmes, der Lunge, zu chronischen Entzündungen und zu dauerhafter Zerstörung des Gewebes. Strahlentherapie verursacht immer auch eine Zerstörung von Erbsubstanz im Zellkern, die zu neuem Krebswachstum Anlaß geben kann.

Chemotherapie: Einsatz von chemischen Zellgiften, die die Zellteilung blockieren und zum Absterben der Zelle führen. Zerstört sowohl Tumorzellen als auch gesunde Zellen und vor allen Dingen die Abwehrkraft, zum Beispiel die blutbildenden Stammzellen im Knochenmark, die Blutplättchen sowie die roten Blutkörperchen. Führt zu Entzündungen der Organschleimhäute mit Übelkeit und Erbrechen, Durchfall oder Verstopfung, Haarausfall, Müdigkeit und chronischen Schäden an Herz, Leber, Darmflora, Lunge und Nieren.

CMV: Cytomegalie-Virus, das den Magen-Darm-Trakt, die Lunge und die Augen befällt, Gewichtsabnahme und hohes Fieber bewirkt und unbehandelt zur Erblindung führt.

Freie Radikale: Abwehrstoffe; aus molekularem Sauerstoff entstehen freie Sauerstoffradikale, die Krankheitserreger und Giftstoffe zerstören. Bei Dauerstreß bilden sich zu viele freie Radikale, die dann auch das Zellgewebe angreifen, entzünden und vernichten. Gelangen sie in den Zellkern, können sie den genetischen Code, das Erbmaterial, zerstören und Krebs auslösen. Sie werden von den Antioxidanzien eingefangen und unschädlich gemacht.

Helicobacter pylori: Bakterieller Erreger von Gastritis, der zu Magengeschwüren, unbehandelt zu Magentumoren führen kann.

Kanzerogene: Meistens chemische Stoffe, die im Zellkern die Krebsbildung auslösen.

Karzinom: Bösartiger Tumor.

Lebenskraft (auch *Viriditas* oder Grünkraft): Die Kraft, die allem Lebendigen innewohnt und von Gott gegeben wird. Dazu gehören die Heilkraft, die Lebenskraft, die Sexualität, die Kraft zu wachsen und sich zu regenerieren. Krankheit ist ein Mangel an Lebenskraft, die dem Menschen von Gott, dem Kosmos, der Seele und der Schöpfung wieder zufließen kann.

Melanche (Schwarzgalle): Gallensäure und Gallenfarbstoff, die in der Leber beim natürlichen Fettstoffwechsel produziert werden. Ein Übermaß durch falsche Ernährung, Streß oder seelische Konflikte führt zu einer Übersäuerung des Blutes und des Gewebes, das sich dadurch entzünden und absterben kann. Auslöser von Krankheiten wie Herzinfarkt, Schlaganfall, Krebs, Rheuma.

Malignität: Bösartigkeit von Tumoren.

Melanom: Bösartiger Tumor der Haut.

Metastasen: Verschleppung eines bösartigen Tumors an eine andere Stelle im Körper.

Operation: Chirurgische Entfernung der Geschwulst, kann bei früh erkanntem Krebs zur Heilung führen. Bleibt aber nur eine einzige Tumorzelle zurück, ist der Rückfall vorprogrammiert.

Plasmozytom: Plasmazellvermehrung im Knochenmark, die zur Verdrängung des blutbildenden Gewebes führt. Folgen sind Anämie und Thrombopenie, Spontanfrakturen, Knochendefekte, rezidivierende Infektionen wegen des Immundefekts mit Abgeschlagenheit und Gewichtsverlust.

Präkanzerose: Vorkrebserkrankung, von Hildegard »Vicht« genannt.

Primärtumor: Der zuerst entstandene Tumor.

Prognose: Vorhersage über den Verlauf einer Erkrankung.

Remission: Rückbildung des Tumors.

Repression: Wachstumsbremse der Zellen im Erbgut. Ohne sie würden alle Zellen unbegrenzt weiterwachsen.

Rezidiv: Rückfall in die Tumorkrankheit.

Säfte: Eiweißsubstanzen, die sich mit verschiedenen Stoffwechselprodukten des Körpers mischen und sowohl im Blut als auch in der Lymphe durch den Körper ziehen.

Sarkom: Besonders bösartige Geschwulst.

Schwarzgalle: siehe Melanche.

Subtilität: Nach Hildegard der Heilwert in den Naturdingen, die von Gott für den Menschen in der Schöpfung bereitgestellt wurden.

T-Helferzellen: Fördern die Reifung von B-Lymphozyten, die auch Antikörper produzieren. T-Helferzellen senden Botenstoffe aus, die das körpereigene Abwehrsystem alarmieren.

Toxoplasmose: Viruserkrankung, die alle Organe befallen kann, am häufigsten das Gehirn mit Kopfschmerzen, Verwirrtheit, Konzentrationsstörungen, Schwindel und Lähmungserscheinungen.

Viren: Mikroorganismen, die teilweise wie anorganische Substanzen kristallisieren, oder Lebewesen, die sich im Körper ausbreiten, indem sie den Wirt zwingen, ihr Überleben zu sichern und für sie tätig zu werden. Sie bestehen nur aus einer Hülle, ein paar Enzymen und einem minimalen genetischen Material zur Fortpflanzung. Hildegard bezeichnet diese Parasiten als pediculi – kleine Läuse.

Viriditas: siehe Lebenskraft.

Literaturhinweise

Werke der hl. Hildegard

»Scivias«, Otto Müller Verlag, Salzburg.

»Der Mensch in der Verantwortung« (dt. Übersetzung des Buches »Liber Vitae Meritorum« = LVM), Otto Müller Verlag, Salzburg.

»Welt und Mensch« (dt. Übersetzung von »Liber Divinorum Operum« = LDO), Otto Müller Verlag, Salzburg.

»Causae et Curae« (= CC), (lat.), Neudruck der Basler Hildegard-Gesellschaft.

»Ursachen und Behandlung der Krankheiten« (= dt. Übersetzung von CC), Haug Verlag, Heidelberg.

»Physica« (lat.), Patrologia Latina (PL), Bd. CXCVII. Basler Hildegard-Gesellschaft.

»Heilmittel« (dt. Ausgabe der »Physica«), Basler Hildegard-Gesellschaft.

Hl. Hildegard: »Briefwechsel mit Wibert von Gembloux«, Walburga Storch, Pattloch Verlag.

Zur Medizin der hl. Hildegard

Hertzka, Dr. Gottfried: »So heilt Gott«, Christiana Verlag, Stein am Rhein.

Hertzka, Dr. Gottfried: »Kleine Hildegard-Hausapotheke«, Christiana Verlag, Stein am Rhein.

Hertzka, Dr. Gottfried: »Wunder der Hildegard-Medizin«, Christiana Verlag, Stein am Rhein.

Hertzka/Strehlow: »Die Edelsteinmedizin der hl. Hildegard«, Hermann Bauer Verlag, Freiburg.

Hertzka/Strehlow: »Handbuch der Hildegard-Medizin«, Hermann Bauer Verlag, Freiburg.

Hertzka/Strehlow: »Große Hildegard-Apotheke«, Christiana Verlag, Stein am Rhein.

Strehlow, Dr. Wighard: »Ernährungstherapie der Hildegard von Bingen, Lüchow Verlag, Stuttgart.

Strehlow, Dr. Wighard: »Die Psychotherapie der Hildegard von Bingen – Heilen mit der Kraft der Seele, Lüchow Verlag, Stuttgart.

Strehlow, Dr. Wighard: »Lebensweisheiten der hl. Hildegard, Kanisius Verlag.

Strehlow, Dr. Wighard: »Hildegard-Heilkunde von A–Z, Droemer Knaur Verlag, München.

Strehlow, Dr. Wighard: »Hildegard-Medizin für alle Tage«, Droemer Knaur Verlag, München.

Strehlow, Dr. Wighard: »Das Hildegard von Bingen Kochbuch«, Heyne Verlag, München.

Strehlow, Dr. Wighard: »Hildegard-Medizin, Eine Einführung, Lüchow Verlag, Stuttgart.

Strehlow, Dr. Wighard: »Das Hildegard Gesundheitsprogramm – Altes Heilwissen für die Krankheiten von heute«, Droemer Knaur Verlag, München.

Strehlow, Dr. Wighard: »Die Edelstein-Heilkunde der Hildegard von Bingen«, Lüchow Verlag, Stuttgart.

Bezugsquellen

Deutschland

Hildegard-Produkte allgemein

- JURA-Naturheilmittel KG, Wolfgang Gollwitzer, Nestgasse 2–6, 78464 Konstanz, Tel. 0 75 31 / 3 14 87, Fax 0 75 31 / 3 34 03
- Stadtmühle, Egon Binz, 78187 Geisingen, Tel. 0 77 04 / 92 41-0, Fax 0 77 04 / 92 41-11; Filiale Konstanz: Theodor-Heuss-Str. 36, 78467 Konstanz
- s' Geisarieder Lädele, Rosenweg 2, 87616 Marktoberdorf-Geisenried, Tel. 0 83 42 / 21 15 oder 0 83 42 / 53 98

Dachsfellgürtel und -schuhe

- Schuhmacherei Pollak, Rosenweg 3, 78315 Radolfzell-Liggeringen, Tel. 0 77 32 / 17 52

Dinkelkopfkissen

- Waltraud Daum, Rechenauer Str. 95, 83022 Rosenheim, Tel. 0 80 31 / 8 69 72

Edelsteine

- Schleiferstüble, G. Mehl, Wessenbergstr. 31, 78462 Konstanz, Tel. 0 75 31 / 2 28 13
- Dietlinde van der Zalm, Hochstr. 6, 65558 Isselbach-Ruppenrod, Tel. 0 64 39 / 10 69

Edelkastanienhölzer, Spazierstöcke, Greiflinge

- Rebholz KG, Pommernweg 5, 71720 Oberstenfeld, Tel. 0 70 62 / 55 35

Ökologisch gebrautes Dinkelbier

- Apostelbräu, Dinkelbier-Brauerei, Eben 11–15 94051 Hanzenburg, Tel. 0 85 86 / 22 00
- Riedenburger Brauhaus, 93339 Riedenburg/Altmühltal, Tel. 0 94 42 / 6 44

Biologischer Weinbau

- Willy Frey, Rüstlinberg 5, 79112 Freiburg-Tiengen, Tel. 0 76 64 / 22 23
- Hotel Sponheimer Hof, Fam. Heinz Schütz, Sponheimer Str. 19–23, 56850 Enkirch/Mosel, Tel. 0 65 41 / 66 28 oder 42 04 (Hildegard-Küche und -Ferien)

Kräuter und Gewürze

- Gärtnerei Bornträger und Schlemmer, 67591 Offstein, Tel. 0 62 43 / 90 53 26
- Bioland Staudengärtnerei Dieter Gaissmayer, Jungviehweide 3, 8925 Illertissen, Tel. 0 73 03 / 72 58, Fax 0 73 03 / 4 21 81 www.staudengaissmayer.de

Schweiz

- Hildegard Vertriebs AG, Aeschenvorstadt 24, CH-4010 Basel, Tel. 0 61 / 2 79 91 51

Österreich

Bio Wein

- Maria Adam, Au bei der Traun 44, A-4603 Bunskirchen, Tel 00 43 / 72 46 84 51
- Hildegard Naturhaus, Hönegger GmbH, Ersperding 3, A-8232 Kirchberg, Tel 00 43 / 77 47 54 54
- Helmut Posch, Weinbergweg, A-4800 St. Georgen/Attg., Tel 00 43 / 76 67 81 31

Kontaktadressen

Hildegard-Zentrum Bodensee
Dr. W. Strehlow, Strandweg 1, 78476 Allensbach,
Tel. 0 75 33 / 74 33, Fax 0 75 33 / 74 79

Förderkreis Hildegard von Bingen Konstanz e.V.
Strandweg 1, 78476 Allensbach

Bund der Freunde Hildegards, Weinbergweg,
A-4880 St. Georgen/Attg.

Internationale Gesellschaft Hildegard von Bingen,
CH-6390 Engelberg

Hildegard-Kurier: Bund der Freunde Hildegards,
Weinbergweg, A-4880 St. Georgen/Attg.

International Society of Hildegard von Bingen Studies,
Prof. John Felice (Treasurer), 11 Pemberton Street,
Cambridge, MA 02140, USA.

Register

Beschwerden und Krankheiten

Die wichtigsten Heilmittel und -methoden

Hildegard Medizin

DAS GESUNDHEITSPROGRAMM

ERSTE VOLLSTÄNDIGE GESAMTAUSGABE

STREHLOW-VERLAG
MEDIZIN DER ZUKUNFT

Bestellungen beim Verlag oder im Buchhandel erhältlich

Hildegard-Zentrum Bodensee
Strandweg 1
78476 Allensbach
Telefon 0 75 33 / 74 33
Fax 0 75 33 / 74 79
praxis@st-hildegard.com
www.hildegardmed.com
www.st-hildegard.com

Public Health: ein praktischer Beitrag zur öffentlichen Gesundheit

Woher kommen die Krankheiten, und wie kann man sie natürlich behandeln?

Unsere Gesundheit ist zum größten Teil die Folge eines vernünftigen Lebensstils und einer gesunden Ernährung, der Rest ist Genetik und Umwelt. Die Schulmedizin und die industrielle Landwirtschaft haben die westliche Welt in ein globales Krankenhaus verwandelt, wobei die Krankheiten durch den übertriebenen Einsatz vor allem von Antibiotika, Hormonen, Cortison und Rheumamitteln geradezu erst ausgelöst werden. Die meisten chemischen Arzneimittel schädigen die natürlichen Darmbakterien und damit die körpereigenen Abwehrkräfte, wodurch insbesondere die chronischen Autoaggressionskrankheiten, wie z. B. chronische Magen- und Darmleiden, Migräne, Krebs, Rheuma, Allergien und Ekzeme sowie chronische Lungen- und Leberkrankheiten entstehen, an denen nahezu 80 % der Bevölkerung leiden und sterben!

Im vorliegenden Gesundheitsprogramm finden Sie die Heilmittel und Methoden, wie man die Krankheiten auf natürliche Weise behandeln kann, indem man die Darmflora saniert und damit das körpereigene Immunsystem stärkt. Inzwischen sind nach dieser Methode über 7000 Patienten erfolgreich behandelt worden, viele davon durch die Gesundheitswochen im Hildegard-Zentrum, Allensbach.

Entdecken Sie in den vorliegenden Büchern die bewährten Heilmittel der Hildegard-Medizin, u. a.:

- Dinkel, das Universalmittel zur Ausheilung von chronischen Magen- und Darmleiden, wie z. B. Gastritis, Colitis, Morbus Crohn
- Fenchel als Neutralisationsmittel gegen Säure und Sodbrennen
- Galgant gegen Blähungen und Herzschmerzen
- Flohsamen als mildes Darmregulans bei Verstopfung
- Wasserlinsenelixier zur Stärkung körpereigener Abwehrkräfte
- Wermut-Trank zum Schutz gegen Arteriosklerose
- Bärwurz-Birnen-Honig zur Darmsanierung, von dem Hildegard schreibt, »dies ist das beste Heilmittel, wertvoller als Gold, weil es die Migräne beseitigt, alle schlechten Säfte ausleitet und den Darm von seinen Fäulnisstoffen reinigt«.
- Hildegard-Fasten – die Kunst, das Leben zu meistern

ST.
HILDE
GARD®

Schützen Sie Ihre Gesundheit vor Krebs und Abwehrschwäche mit:

Wasserlinsen Elixier
Veilchen Salbe

Dr. W. Strehlow

25 Jahre Hildegardforschung — Dr. Wighard Strehlow

Vertrieb: Stadtmühle Geisingen, siehe Anzeige — www.st-hildegard.com

Hildegard Zentrum
- Bodensee -

DR. RER. NAT.
WIGHARD STREHLOW
Heilpraktiker
D-78476 Allensbach
Strandweg 1
Telefon 0 75 33/74 33
(Fax 0 75 33/74 79)
praxis@st-hildegard.com
www.st-hildegard.com und www.hildegardmed.com

Stadtmühle Geisingen

Seit 1139

Mühle & Bäckerei

natürlich gut

Herstellung und Versand von Dinkel- und Hildegard-Produkten

Mühlenweg 11
78187 Geisingen
Telefax 0 77 04/92 41-11

Öffnungszeiten
Di - Fr 8.30 - 12.30 Uhr
14.00 - 18.00 Uhr
Sa 8.00 - 12.00 Uhr

Theodor-Heuss-Straße 36
78467 Konstanz

Öffnungszeiten
Mo - Fr 9.00 - 12.30 Uhr
14.30 - 18.00 Uhr
Sa 8.00 - 12.00 Uhr
Mittw. nachm. geschlossen

oder besuchen Sie uns im Internet: www.stadtmuehle-geisingen.de

Wir liefern ein breites Sortiment an ausgewählten Naturprodukten für Ihre Hildegard-Küche:

®

®

- Dinkelmühlenprodukte
- Backwaren
- Dinkelteigwaren in versch. Ausführungen mit und ohne Ei
- Koch- und Backzutaten
- Hildegard-Zubereitungen, Kräuter, Gewürze
- Literatur
- und vieles mehr ...

Unsere aktuelle Preis- bzw. Bestell-Liste für den Versand senden wir Ihnen gerne kostenlos zu.

Rufen Sie uns an! ☎ 0 77 04/92 41-0